JOSÉ PAULO PEREIRA SILVA, PhD

MAIS DE **2,8 MILHÕES** DE SEGUIDORES NO INSTAGRAM

ENCONTRE SEU PROPÓSITO

UM **GUIA PRÁTICO** PARA TIRAR SEUS **SONHOS** DO PAPEL E VIVER SUA ME

SÃO PAULO
2022

© 2022 por José Paulo Pereira Silva

Todos os direitos reservados à Ideal Books. É proibida a reprodução total
ou parcial desta obra sem autorização expressa da Ideal Books.

Dados Internacionais de Catalogação na Publicação (CIP)

S586e — Silva, José Paulo Pereira, 1973-
Encontre seu propósito : um guia para tirar seus sonhos do papel e viver sua melhor versão / José Paulo Pereira Silva. – São Paulo : Ideal Life, 2022.
248 p. : il. color. ; 21 cm.

Inclui bibliografia.
ISBN 978-65-84733-23-7
ISBN e-Book 978-65-84733-24-4

1. Metas (Psicologia). 2. Autorrealização. 3. Desenvolvimento pessoal. 4. Conduta. 5. Comportamento. 6. Autoconhecimento. 7. Autoajuda. I. Título.

CDD: 158.1
CDU: 159.947

Ficha catalográfica elaborada por Marta de Souza Pião – CRB 8/6466
Ideal Life é o Selo Editorial da Editora Ideal Books

Direção Geral Ideal Books
Ewerton Quirino

Coordenação Editorial
Raquel Andrade Lorenz

Redação
Márcia Leticia Falkowski de Aguiar

Parecerista
Cláudia do Carmo de Stefani

Aprovação
Ewerton Quirino

Revisão Ortográfica
Editora Coletânea

Capa
Rafael Brum

Imagem da Capa
calvindexter, iStock
AlexKalina, iStock

Projeto Gráfico e Diagramação
L Aquino Editora

Ícones do Miolo
Freepik

A minha esposa Roseli e a meus quatro filhos:
Anne Caroline, Paulo Henrique, Peter Paul e em
especial John Paul, que se prepara para vir ao
mundo enquanto escrevo estas páginas.

Filhos são presentes de Deus, ame-os
e eduque-os nos caminhos do Senhor.

Seus irmãos, sua mãe e eu estamos lhe
aguardando, John Paul! Seja bem-vindo!

SUMÁRIO

SOBRE O AUTOR
6

PREFÁCIO
Rosangela Maria Martins Franco
8

BÔNUS
11

PRÓLOGO
12

PLANOS E SONHOS
15

VOCÊ É ÚNICO E É PARTE DE UM MUNDO MELHOR
61

TENHA SEDE DE ALCANÇAR
97

CICLOS DA VIDA
121

SEJA A SUA MELHOR VERSÃO
149

MOSTRE SEU VALOR
177

O QUE FAZEM OS VERDADEIROS CAMPEÕES
199

CONHECIMENTO E ATITUDE
225

REFERÊNCIAS
244

QUEM SOMOS
248

JOSÉ PAULO PEREIRA SILVA é graduado em Engenharia de Produção, Mestre e Doutor em Administração de empresas e Pós-Doutor em Relações Internacionais pela Florida Christian University (FCU/USA). É presidente e fundador do Grupo Ideal Trends, atualmente um conglomerado que já conta com mais de 30 empresas e mais de 100 mil clientes em 30 países e projetos de crescimento exponencial. Formou centenas de empreendedores e tornou colaboradores seus sócios. "Dividir é multiplicar!".

José Paulo também é Pastor na Igreja-Escola Ideal Way, onde busca evangelizar e mobilizar pessoas com métodos e ferramentas de ensino e aplicabilidade bíblica, além do equilíbrio nas 7 áreas da vida.

José Paulo é casado, pai de quatro filhos. Desde sua juventude, sempre foi ávido por resultados e muito trabalho.

Com uma visão aguçada para novos negócios, José Paulo não se limita apenas ao próprio crescimento, mas dedica-se também à formação e à mentoria de milhares de pessoas, dando a oportunidade para seus colaboradores tornarem-se sócios de suas empresas de forma meritocrática e seguindo seu modelo de liderar pelo exemplo, com a aplicação da cultura para todos no Grupo.

Durante esse período, por meio de seus direcionamentos, transformou pessoas simples e dedicadas em empresários de grandes resultados, entre eles jovens que já possuem sua liberdade financeira.

Tendo como base a integridade, resultados, constância e fé, e por acreditar que dividir é multiplicar, José Paulo tem prazer em passar todo o seu conhecimento para o desenvolvimento de pessoas em diversas áreas do mercado.

PREFÁCIO

Nuances essenciais da vasta, brilhante e enriquecedora caminhada de José Paulo como empreendedor serial, mentor de empresários, desenvolvedor de pessoas, grande sonhador, realizador e ser humano dão o matiz das páginas desta obra.

Você já parou um momento para refletir e se deparou com alguma das questões seguintes? "Qual o sentido de tudo o que faço? Minhas amizades? Meu trabalho? Meu relacionamento? Minha família? Meus amigos? O que realmente importa? Sou verdadeiramente feliz?"

Em um belo outono de abril de 2012, eu tinha um almoço para tratar de novos projetos, com o privilégio da participação do meu grande amigo, mentor e sócio José Paulo, e ele iniciou um assunto não muito comum em um almoço de negócios: "Quero falar um pouco com vocês sobre vida e propósito. Qual é o seu?" Alguns se entreolharam, e eu espontaneamente respondi: "Acho que primeiro preciso aprender a como descobrir". E nosso almoço de negócios se transformou em uma mentoria de vida e propósito com 4 horas de duração. Essa mentoria me levou a uma jornada que havia algum tempo que eu não fazia e, quando a tinha feito, não havia sido com tanta profundidade, leveza e proximidade de mim mesma, da minha espiritualidade, dos meus valores, dos meus sonhos e do meu propósito de vida. Foi o melhor ensinamento que já tive em toda a minha vida. Depois daquele dia, fiz uma profunda reflexão do sentido de tudo o que eu fazia, e aplicando o que aprendi em cada pergunta que fazia a mim mesma, tudo começou a fazer mais sentido.

Essa obra foi um dos sonhos nutridos por ele e que ganha o mundo nas mãos, no olhar e no coração de seus leitores – pois não há como não se envolver com o que ele nos traz, com o que ele nos provoca a (re) pensar e com o fato de ele nos retirar o véu que, consciente ou inconscientemente, colocamos em algumas questões da nossa vida, do nosso interior, da nossa espiritualidade e do mundo.

A cada página, você sentirá a condução do José Paulo que, de forma muito leve, consciente e fundamentada, o(a) levará por caminhos que – se não fosse a sua forma de guiar – lhe pareceriam conflituosos, distantes e inatingíveis, ou ainda seriam rejeitados por você, leitor(a), por se voltarem a temas e a aspectos da jornada humana com os quais nem sempre eu, você, nós, seres humanos, conseguimos lidar, contemplar e realizar da forma que precisamos e almejamos em nossa vida.

À medida que você participa do diálogo, das reflexões, das histórias contadas (o contar histórias não poderia faltar!) e dos compartilhamentos de José Paulo, você percebe como é possível ter acesso a vivências, conhecimentos, novas formas de pensar, sentir, perceber e como tudo isso leva à ressignificação de um espectro de aspectos e de elementos que fazem parte de você, dos vínculos que você estabelece nos vários contextos da vida profissional, pessoal e espiritual, das pessoas com as quais você se relaciona... da vida, enfim.

Hoje estou como Vice-Presidente de Gente & Gestão da Holding Ideal Trends Group, e a cada dia consigo impactar centenas de colaboradores e consequentemente seus familiares para que sejam pessoas melhores, para construirmos um mundo melhor. Hoje sei o que eu faço e o porquê faço. Tenho certeza de que estou no caminho certo, e posso dizer a milhares de pessoas o quanto a vida é bela se você souber vivê-la, se fizer as escolhas certas. Saiba que esta obra irá lhe ajudar a encontrar também o seu propósito. Como sempre diz o José Paulo, "será uma jornada divertida e empolgante".

Que você, leitor(a) e amigo(a), experiencie verdadeira e intensamente a jornada que a obra *Encontrar seu propósito* nos propõe, para que você também identifique as suas chaves para escancarar as portas do autoconhecimento, do seu poder, dos seus sonhos, da sua fé (seja no que for!), da sua transformação constante, da sua coragem e do seu valor como ser humano.

QUE VOCÊ TENHA UMA ÓTIMA LEITURA E UMA JORNADA REVELADORA!

ROSANGELA MARIA MARTINS FRANCO

VAMOS JUNTOS!

BÔNUS

Escaneie o QR Code
e tenha acesso ao
Bônus Exclusivo
deste livro.

PRÓLOGO

Você já pensou que faz parte de um projeto maior? Ou seja, um projeto espiritual e que, por isso, é importante desenvolver o autoconhecimento, ter sonhos, fazer planos, traçar metas e superar-se em todas as fases e ciclos de sua vida?

Como elemento essencial desse grande projeto, como você o tem compreendido e se sentido em relação a você mesmo(a) em sua trajetória ao perceber-se como alguém que tem um dom, um propósito, inúmeras habilidades e capacidades, algumas vulnerabilidades e todo o potencial para ser uma pessoa campeã no que se propõe a realizar, a atingir?

É sobre esses e muitos outros aspectos que fazem parte da jornada interna e externa de cada ser humano que o Paulo nos conduz em seu diálogo próximo, amigo e repleto de reflexões e provocações que nos levam a olhar para a nossa trajetória, para as nossas indagações internas, enfim, para nós.

Assim como ocorreu comigo, cada leitor(a) é levado a criar um tempo-espaço – o da leitura – para também fazer reverberar a sua própria história, para olhar para si, para ouvir o seu interior, tendo como guias as percepções, os aprendizados, os pontos de vista e os conhecimentos que

Paulo foi colhendo, desenvolvendo, transformando e compartilhando em sua vida pessoal e profissional.

O(a) leitor(a) é esse(a) amigo(a) que Paulo convida constantemente a refletir sobre si mesmo(a), como se estivessem sentados em uma confortável poltrona de casa em uma envolvente e sincera conversa na qual há intimidade para que sejam postos à baila temas que, muitas vezes, deixamos em segundo plano ou não queremos neles tocar, seja por nos deixarmos levar pelo roteiro que adotamos em nosso dia a dia, seja por termos a crença limitante de que há coisas inatingíveis para nós.

E como essas crenças acabam povoando nossos pensamentos e condicionando nossas ações e percepções, não é? Ora, quem já não acreditou em algum momento ou ainda acredita que, em sua vida, não cabem mais os sonhos, a superação e o amor pelo que se faz? Que julgou não ter um dom, que se esqueceu de que tem um potencial extraordinário para a autorrealização e para a realização de projetos importantes para a mudança ética e positiva do mundo e da vida das pessoas? Assim como já desacreditou que tem todas as condições e oportunidades para ser uma pessoa melhor e campeã a cada novo nascer do sol, não importando os obstáculos, as dificuldades e os medos?

Paulo transita por esse universo nos brindando com seu olhar objetivo e apurado, que nos conduz a contemplar o todo e o detalhe, o concreto e o sutil, o conhecimento aprendido e o experienciado, a sua história pessoal, as histórias que nele reverberam para, assim, dirigirmos o olhar para a nossa história de vida e para como queremos e sonhamos continuar a escrevê-la em nossa jornada.

Portanto, sente-se confortavelmente e deixe essa conversa entre amigos reverberar em você!

PLANOS E SONHOS

Assim, o seu futuro será brilhante,
e você não perderá a esperança.

Provérbios 23:18 (NTLH)

DEUS SABE A SUA MISSÃO

Em nosso dia a dia, ouvimos e falamos sobre sonhos e planos, mas será que sabemos o que essas palavras realmente significam?

Um dia eu me peguei refletindo sobre elas e percebi que precisava, antes, pensar em algo maior envolvido em nossos sonhos, planos e em nós: Deus.

Por que Deus? É bem possível que você esteja se perguntando. Ora, é Ele quem sabe da missão de cada um de seus filhos. Da sua missão, da minha, da nossa missão. É Ele quem projeta o plano maior de vida de cada um de nós. E por que pensar Nele antes de tudo? Ora, porque Deus está em tudo e precede tudo! Sem Ele, não somos nada. Com Ele, somos tudo!

O mesmo ocorre com nossos sonhos e planos de vida, pois fazem parte da nossa missão, ligam-se ao nosso propósito, nossa missão de vida. Tendo esse entendimento, só então faz sentido termos claro o significado desses conceitos.

Pois bem, o sonho é algo que vislumbramos, ou seja, que desejamos atingir e que agregará ainda mais significado às nossas realizações na vida. Contudo, sem um plano, o sonho ficará apenas na idealização, no terreno do inatingível. Portanto, o plano é o modo como traçamos estratégias e ações para a concretização do sonho. Sem um planejamento, que inclui metas a serem atingidas e ações a serem realizadas nesse processo, o sonho se manterá como uma quimera.

Novamente chamo sua atenção para Deus, pois é essencial que você O considere em tudo que faz parte da sua vida, inclusive, é claro, no plano de concretização de cada um dos seus sonhos. É o que nos diz Salomão em Provérbios 23:18: "Assim, o seu futuro será brilhante, e você não perderá a esperança" "Que tristes os caminhos, se não fora/A mágica presença das estrelas." Ou seja, sem Deus, falta-nos luz, força, direção, movimento, ação assertiva, propósito e amparo na caminhada de vida rumo aos nossos sonhos.

Então, o ponto inicial da busca planejada do sonho é Deus, e a primeira ação que o seu planejamento deve incluir, portanto, é a oração, pois é ela que nos aproxima, (re)liga a Deus. Assim sendo, com base em minha prática, valores, experiência de vida e fé, a orientação que lhe dou é a de que você dobre os seus joelhos e se dirija a Deus: "Senhor, eis-me aqui... qual a missão que eu tenho na Terra, em minha vida? O que o Senhor tem para mim? O que devo buscar?" Isso porque, apesar de você ter seus planos de vida na busca da realização de seus sonhos, os planos de Deus são muito melhores e maiores que os seus, pois Ele é que te conhece muito mais que você mesmo(a). Deus é o maior especialista sobre você, então, consulte-O. Eu tenho certeza de que a resposta virá no momento certo e lhe trará paz, felicidade, esperança e perseverança na busca dos seus sonhos, e não importarão os obstáculos encontrados, pois você estará preparado, apoiado e não desistirá.

Assim sendo, tenha sempre em mente que você não está só, que Deus está com e em você, e caminhe, confie, entregue, trabalhe e busque seus propósitos guiando seus planos pelos planos de Deus. Afinal, a centelha divina habita você.

Acredite em Deus, acredite em você e em seus sonhos! Vá buscá-los com metas e objetivos bem definidos e agindo com resiliência, verdade, sabedoria e fé. Realize a sua missão! E, para isso, não deixe de alimentar, cultivar a sua espiritualidade.

A SUA ESPIRITUALIDADE

Você deve ter notado que ressaltei muito a necessidade de estarmos (re)ligados a Deus, de sintonizarmos os nossos planos com os de Deus para a nossa missão de vida e a realização dos nossos sonhos, de estarmos constantemente nutrindo nossa conexão com o Criador. Pois bem, tudo isso leva a um aspecto relevante do nosso diálogo, que diz respeito à espiritualidade. Veja, eu me refiro à espiritualidade, e não à religiosidade.

Eu considero essa diferenciação e a compreensão do que é espiritualidade tão importantes que quero compartilhar o que fui aprendendo em minha relação com Deus, na minha experiência de vida e como alguém que não abre mão de cuidar da vida espiritual. Vamos lá?!

Bem, o termo "espiritualidade" é repleto de significados, como você já deve ter observado. Em sua etimologia, essa palavra, de origem latina, significa "cheio de espírito", "inspirado", "animado". Ela é conexão e unidade como relação com Deus, com um ser superior, com a natureza que ele criou, com os outros e consigo mesmo.

Assim, fica claro que a espiritualidade é o vínculo e a relação que cada um de nós mantém com o Criador. Desejo que você compreenda a espiritualidade como a transcendência do individualismo, do ego, e que ela não ocorre para além da esfera do ser humano, mas toca profundamente o seu ser, a sua vida, a sua experiência de e na vida.

Ao dialogar com você, nesse momento, veio-me também à lembrança uma leitura que fiz, há algum tempo, de um texto de Faustino Teixeira[1], professor de Ciências das Religiões na Universidade Federal de Juiz de Fora, em que ele expõe a sua interpretação da espiritualidade como expressão do ser humano, a qual foi ao encontro da minha. Veja: a espiritualidade expressa, representa, traduz a força de uma presença que escapa à percepção do ser humano, mas que, simultaneamente, provoca nele o movimento, a prática, a ação de percorrer e captar essa força, esse sentido onipresente.

Você consegue perceber que esse entendimento está subentendido em nossa reflexão sobre sonhos e planos? Se somos seres portadores da centelha divina, como não vivenciarmos o espiritual como movimento e busca do sentido raiz (de origem, original) que habita a realidade, o mundo, o ser?

Assim sendo, eu lhe faço um convite, meu amigo, minha amiga: equilibre sua vida espiritual. Preserve a sua relação com Deus, com a natureza que ele criou, com seu semelhante e consigo mesmo.

Nesse caminho da espiritualidade, você trilha a busca dos seus sonhos, não se desviando de seus planos e do plano maior de Deus para você, além de sentir o que o poeta Mario Quintana nos diz: "Sonhar é acordar-se para dentro".

Outro detalhe interessante que eu desejo compartilhar com você é o de que as coisas mais importantes do mundo não estão no verbo "ter", mas, sim, no "ser". Isso porque o verbo "ter" é muito raso ao ser ligado à

---

[1] TEIXEIRA, Faustino. O potencial libertador da espiritualidade e da experiência religiosa. In: AMATUZZI, M. M. **Psicologia e espiritualidade.** São Paulo: 2005. p. 13-30.

materialidade, ou seja, a ter as coisas dessa vida, enquanto o verbo "ser" e sua potencialidade de sentidos liga-se à existência: ser uma pessoa leal, ser uma pessoa que tem fé, ser uma pessoa com bons princípios, ser uma pessoa que compreende que Deus é a base da felicidade, pois sem Ele o indivíduo é como a árvore que não tem suas raízes na terra, como um pássaro sem asas, é um ser errante, que vai conforme a força e a direção do vento.

Seja, então, a pessoa que sonha com Deus, com sua fé e espiritualidade. Deposite a sua fé e a sua esperança no Senhor, nas coisas dEle. Dê cada passo em seu caminho para realizar seus sonhos com a sua fé, consciente de que, em sua jornada para realizar seus sonhos, você tem as mãos de Deus a lhe guiar, e sempre (re)alimente a sua espiritualidade, pois ela faz parte de você.

FAÇA PLANOS, TENHA SONHOS

Imagino que você possa estar se perguntando: como ficam as coisas do dia a dia que eu preciso realizar em meio aos meus sonhos? É possível levar o cotidiano da melhor forma e ainda assim ter sonhos? Eu lhe digo que é perfeitamente possível desenvolver, o melhor possível, o que você precisa em sua vida cotidiana, como trabalhar, realizar os seus vários papéis (pai, mãe, irmã, amigo, esposa, marido, profissional, estudante etc.), cuidar dos seus vínculos afetivos e da sua espiritualidade e sonhar. Uma coisa não exclui a outra, o dia a dia não exclui o sonhar. Assim sendo, não deixe de fazer planos e de ter sonhos. Em meio às suas atividades e atuações em seu dia a dia, permita-se sonhar, compreenda qual é o seu sonho, visualize-o (por exemplo, se for relacionado à sua carreira, imagine-se nela, se for a superação de um desafio, veja-se superando-o), trace estratégias em seu plano para sua concretização e coloque-as em ação.

Compreenda que os sonhos são embarcações, os planos as bússolas e Deus, que nos habita, o Grande Timoneiro. Desse modo, alicerce seus sonhos em Deus. Aliás, ele é o alicerce para tudo em nossa vida. E, para que você O sinta assim, conheça-O e sinta-se orgulhoso por isso. Quanto mais o ser humano estuda Deus e o que O envolve – seus projetos, sua atuação, seus princípios – mais ele se torna sábio.

Por que eu lhe digo para ser orgulhoso(a)? Essa recomendação está lá em *Jeremias*, 9:23,24:

> Assim diz o Senhor: Não se glorie o sábio na sua sabedoria, nem se glorie o forte na sua força; não se glorie o rico nas suas riquezas, mas quem se gloriar, glorie-se nisto: em me compreender e me conhecer, pois eu sou o Senhor, que faço beneficência, juízo e justiça na Terra; porque dessas coisas me agrado, diz o Senhor[2].

Ou seja, tenha orgulho de compreender e de buscar conhecer mais a Deus. Como consequência disso, você se torna sábio e um agente de transformação nos ambientes em que circula e para as pessoas com as quais convive nos mais diversos contextos da sua vida. Então tenha, sim, esse orgulho no fundo do seu coração e deixe-o aflorar para o mundo, de modo que onde a planta dos seus pés pisar, você possa abençoar, gerar coisas boas.

---

[2] BIBLIA. Português. **Bíblia sagrada.** Tradução: Ferreira de Almeida. [S.l.]: LCC Publicações eletrônicas. Jeremias, 9:23,24. Disponível em: http://www.ebooksbrasil.org/adobeebook/biblia.pdf. Acesso em: 22 nov. 2021.

Logo, se o fato de compreendermos, conhecermos Deus nos permite gerar transformações nos espaços e nas pessoas com as quais interagimos, isso não seria diferente para com nós mesmos, não é? Assim sendo, penso que eu já esteja respondendo seus prováveis questionamentos: sim, é possível conciliar o cotidiano com os sonhos e conduzir ambos da melhor forma.

Você quer mais uma perspectiva sobre isso? Então, vamos lá...

Nós, seres humanos, temos duas fases em nossa vida, que são a da sobrevivência e a do crescimento. Porém, há pessoas que querem apenas sobreviver. Isso não é o que eu quero – é o que você quer?

Imagine, então, que você está conversando com uma pessoa e ela lhe diz a seguinte frase: "Eu sou uma pessoa que sobrevive." Como você se sentiria ao ouvir isso? Não é legal, não é?! Ou ainda, imagine que você está dialogando com alguém cuja noção e desejo de crescimento é algo ínfimo e você tem a percepção de que o potencial do ser humano é maior, mais rico do que o que a pessoa lhe expressa. Garanto que, assim como eu, você achará que essa pessoa deseja muito pouco da vida, de si mesma, diante da infinidade de possibilidades e das suas potencialidades. Isso porque eu, você, todos nós temos potencial para crescer para o mundo. Como não o teríamos, se somos filhos de Deus?! Se a centelha divina está em nós – lembra-se? Somos minicriadores, temos que ter isso em mente todos os dias.

Daí a importância de termos sonhos, de os alimentarmos e de sabermos nosso potencial para agir rumo à realização de cada um deles. Não importa se o meu sonho é diferente do seu, pois cada um tem o seu desejo, o seu sonho, seja ele profissional ou pessoal. Por exemplo, em nosso grupo de empresas, fomos estabelecendo objetivos e os atingindo, o que nos levou (e tem levado) ao crescimento, e as pessoas também foram crescendo, evoluindo junto a esse movimento. Essa é a ideia!

Portanto, jamais se coloque na fronteira da sobrevivência, mas vá para além dela, sonhe, busque e veja-se com potencial para as realizações almejadas. Sinta-se evoluir com outras pessoas, fazendo parte de um projeto que é seu, mas que pode e deve ser compartilhado com outras pessoas ou, ainda, que você possa transformar a visão e a ação das pessoas que ainda não conseguem perceber as suas potencialidades, que não conseguem entender que vida não se resume a sobreviver, mas ela se constitui em viver de modo a buscar a plenitude de ser, estar, realizar, estar com o próximo, estar consciente de sua espiritualidade, evoluir, transformar(-se).

Lembre-se sempre de que "nunca é cedo demais para nos transformarmos no melhor que podemos ser", como escreveu George Eliot, pseudônimo de Mary Ann Evan, escritora inglesa que desafiou as convenções sociais da época (século XIX) e realizou seu propósito como escritora, indo além dos condicionamentos que a sociedade lhe impunha, rumo aos seus anseios e à evolução, inclusive com o questionamento sobre o que uma mulher poderia ser. Ora, se nunca é cedo demais, também nunca é tarde demais para nos transformarmos no melhor que podemos ser. Isso porque o melhor dia para isso é ontem e o segundo melhor é hoje!

Então, acredite no seu potencial, deseje e busque mais que o sobreviver, sonhe e planeje, mas jamais se esqueça de pedir as bênçãos do Dono do Universo. Então, busque-O, busque a sua palavra e se envolva em projetos que tragam benefícios a mais pessoas além de você, que melhorem a qualidade de vida delas, e sempre procure em Deus o alinhamento para os seus projetos, pois é Ele quem entende mais de você, pois Ele o(a) criou. Não é assim que você analisa ao observar outras coisas? Por exemplo, ao pensar quem é a autoridade em iPhone, quem entende mais desse aparelho? É a Apple que o criou, não é? Portanto, a sua vocação tem de ser procurada em Deus, e os seus planos devem estar alinhados com a sua vocação para que deem certo.

Vocação... todos nós temos a nossa, que faz parte da nossa missão. Nós podemos ver isso na fábula *O patinho feio*, de Hans Christian Andersen, que você deve conhecer. O patinho feio viveu em sofrimento ao ser excluído, segregado por sua família por ser diferente (grande, cinzento, sem graça, estranho, como diziam os outros bichos) e por estar onde não deveria, por agir de forma diferente dos demais (com um ar abobalhado, esquisito), até que fugiu por estar cansado de sofrer. O patinho feio ficou perdido no mundo até encontrar uma lagoa, onde, pela primeira vez, viu admirado belos cisnes brancos. Permaneceu errante, pois ainda tinha medo de ser rechaçado. Enquanto isso, foi se desenvolvendo. Até que, ao encontrar um novo abrigo, ao lado dos cisnes, ele viu seu reflexo na água e percebeu que ele era um cisne – sendo então acolhido pelo bando de cisnes. Pois bem, a vocação do patinho feio não era ser um pato, mas sim ser um cisne e, portanto, deveria dar vazão às suas aptidões, aos seus anseios, à sua missão e vocação e realizá-los com amor, sabendo quem ele era, e assim ser um cisne, e não um pato. É isso que temos de ter sempre na mente e no coração.

SEJA UMA PESSOA ENTUSIASTA E CONSCIENTE

Eu falei em coração e amor porque essas são duas das características da pessoa entusiasta, que é quem vibra intensamente naquilo e para aquilo que faz (e sonha, claro!). A esse respeito, eu lhe faço uma pergunta: você tem de amar o que faz ou fazer o que ama? Eu respondo: você tem de amar o que faz, pois nem sempre você poderá fazer o que ama. Ame o que você faz, pois, assim, você conseguirá atingir resultados extraordinários. O contrário também é verdadeiro, pois muitas vezes não é fazendo o que ama que você obterá o melhor resultado. Eu, por exemplo, gosto muito de circuitos eletrônicos. A minha primeira formação é em Engenharia Eletrônica, mas isso não dá o resultado que eu imaginava. Na época, eu também observei que trabalhar com *business*, marketing, vendas e com outras coisas me proporcionaria alcançar maiores resultados, que eram os almejados por mim. Então, a partir dessa análise e do que eu desejava, eu fiz a minha escolha entusiasta e consciente: eu faço aquilo que me dá resultado. Eu amo o que eu faço e tudo que eu me proponho a fazer realizo com excelência. Então, precisamos fazer tudo com excelência e amor, não importa o que seja. Você pode estar lavando uma louça, elaborando um relatório, limpando a casa, criando um projeto etc. – se for com excelência e amor, os resultados positivos surgirão.

Ao fazermos algo com amor, nós nos damos a oportunidade de sermos entusiastas e conscientes. Ser consciente diz respeito à forma como existimos no mundo, como conduzimos a nossa vida e, nela, as relações emocionais que estabelecemos com as pessoas, com o nosso planeta, enfim, com tudo que faz parte do nosso cotidiano, da nossa vida. Relações essas que, ao sermos indivíduos conscientes, dão-se de forma ética.

Assim sendo, além de sermos conscientes, é preciso que estejamos conscientes da nossa forma de ser, agir e de interagir, e isso significa estarmos atentos aos nossos próprios pensamentos, emoções, valores e no que acreditamos, pois isso tudo se reflete em nossos comportamentos, atitudes, posicionamentos e sentimentos. Ou seja, estar consciente é não se deixar guiar pelo piloto automático. Desse modo, permitimo--nos existir enquanto seres conscientes.

E por falar em piloto automático... esse também deve estar desligado quando acalentamos nossos sonhos, ainda mais no caso de um sonho incomum, extraordinário. É preciso, portanto, o entusiasmo, a consciência, a paciência, o estar consciente, o amor, a fé, o coração, a mente e a alma envolvidos no projeto, no plano e nas ações demandadas para a realização desse sonho.

É possível que você esteja se perguntando: paciência? Como assim paciência se a pessoa entusiasta é quem vibra intensamente? Perceba que vibrar intensamente não se opõe a ter paciência, ambas as ações se harmonizam.

Ao identificar a paciência como uma qualidade necessária para o alcance de um sonho especial, penso no que aprendi ao ler o escritor estadunidense Stephen Covey, autor do *best-seller Os sete hábitos das pessoas altamente eficazes*, que assim nos aconselha: "Tenha paciência consigo mesmo. O amadurecimento delicado acontece em um terreno sagrado. E não há investimento maior."[3] É esse amadurecimento que lhe trará coragem e a real valorização do que você conquista e ama. Assim sendo, não se empenhe em acelerar o que Deus está fazendo com e por você, Ele é quem sabe qual o tempo necessário para tal. Ele é quem sabe o momento, as ações e as etapas pelas quais você precisa passar para conquistar o que almeja e ama, tendo o necessário amadurecimento delicado em terreno sagrado.

---

[3] COVEY, Stephen R. **Os 7 hábitos das pessoas altamente eficazes**. 52. ed. rev. e atual. Tradução: Alberto Cabral Fusaro et al. Rio de Janeiro: Best Seller, 2015. p. 97.

Ficou mais claro para você o porquê de a paciência fazer parte das características de um entusiasta? Perceba como as duas características não são excludentes, mas complementares.

Eu mencionei anteriormente as ações, não é? Vamos falar um pouco mais sobre elas?

Um sonho grandioso, singular, requer ações tais quais o tamanho do sonho. Certa vez li a seguinte frase do escritor francês Anatole France: "Para realizar grandes coisas, precisamos sonhar do mesmo modo que agir". Ou seja, não basta termos sonhos, é preciso agir de forma grandiosa para realizá-los. O que é agir de forma grandiosa? É realizarmos ações que se desenvolvam pela dedicação, pelo entusiasmo, pela vivacidade e com a excelência, o coração e a alma.

Talvez você esteja se fazendo a seguinte pergunta: apenas o entusiasmo não basta para que eu realize um sonho fora do comum? Digo-lhe com toda certeza que não, pois você também precisará ter muita paciência e dedicação. Isso porque, além do que já lhe expliquei, estas são diretamente proporcionais ao seu sonho, ou seja, quanto maior o sonho, maior terá de ser seu grau de paciência e de dedicação. Portanto, não acredite em atalhos. Aliás, eles não existem! E quando se trata de um sonho extraordinário, essa regra não seria diferente.

Precisamos ser cautelosos em relação às mensagens que pregam o imediatismo, as facilitações, as superficialidades, o alcance de resultados exponenciais em um prazo extremamente curto e de forma simplista, pois não existe mágica. Há, sim, esforço, ação, dedicação, paciência, equilíbrio e tempo. Esses são os componentes dessa estrutura sólida, concreta que precisamos construir para concretizar o nosso grande sonho.

Até porque, como sabemos, tudo que vem fácil, vai fácil, e um sonho grandioso não pode se estruturar no que é fugaz, efêmero.

Imagine o seu sonho fora do comum como se fosse um prédio. Para erguê-lo, construí-lo, é preciso que esteja assentado em uma fundação bem projetada, e isso leva tempo e precisa de recursos, materiais adequados. Logo, seja seletivo com o que você vê e ouve! Perceba quem está falando com você, qual filosofia, perspectiva e linha de pensamento sustenta o discurso da pessoa.

Quanto a isso, eu quero compartilhar a oportunidade que tive de observar e analisar como se estrutura a fala de alguns renomados palestrantes e de acadêmicos na ocasião em que estive na academia aprofundando meus estudos. Esses oradores faziam parte do quadro de acadêmicos de mestrado, doutorado e pós-doutorado, todos indiscutivelmente inteligentes, porém, muitos deles eram ateus, não acreditavam em Deus. Pois bem, no mundo há muitas filosofias, histórias, conceitos, perspectivas e abordagens – eu respeito todas as crenças –, mas existe apenas uma verdade, que é o Senhor Jesus. Ele mesmo disse que é o único Caminho, a Verdade e a Vida (João 14:16). Então, não se iluda, esteja consciente sobre o que você vê e ouve. Isso porque você até pode se encantar com um bom discurso, com boas palavras, mas você chegará à conclusão — no fim da vida ou antes, eu espero — de que realmente Jesus tem a solução para todos os seus problemas ou ainda para os projetos de vida, que incluem a busca pelo grande sonho.

A partir do que dialogamos aqui, eu ainda desejo lhe deixar a breve conclusão que cheguei sobre esses pontos, tanto com base em meus estudos e leituras quanto em minha experiência de vida e da minha fé:

lembre-se de que somos originados da grande Consciência Inspiradora que é Deus – ou como você O chame, isso não faz diferença, o que faz diferença é você acreditar nessa Consciência Inspiradora. Isso porque tudo que existe vem dessa mesma Fonte. Ao vivermos de forma consciente, o que inclui a consciência da presença de Jesus e de Deus-Pai, caminhamos rumo ao "amadurecimento delicado", que se desenvolve no terreno sagrado, onde nos permitimos estar, investir nosso ser, na nossa fé, na nossa missão de vida, nos nossos sonhos e, entre eles, o grande sonho que acalentamos e buscamos concretizar.

Perceba, então, a importância de sermos e agirmos com (auto)consciência, pois ela é uma das nossas aptidões enquanto seres humanos. É ela que nos propicia desenvolver nossas percepções da vida, do mundo, do outro e de nós mesmos e nos avaliarmos em nossas posturas, entendimentos, concepções, leituras de mundo, comportamentos, sentimentos, sensações e escolhas. Ao darmos nossos passos pelo caminho da consciência, rumamos em busca da nossa melhor versão, conscientes do nosso propósito de vida. Isso nós podemos fazer envolvidos nas e pelas pequenas coisas do nosso cotidiano e pelos nossos sonhos e anseios.

Quero compartilhar com você um fragmento que, em certa ocasião, li da espirituosa poeta Cora Coralina, que fez muito sentido para mim e que percebo também o fazer aqui, em nosso diálogo. Em certa ocasião, um repórter perguntou a Cora o que é viver bem. Então ela, com seu tom intimista, simples e verdadeiro, respondeu: "Tenho consciência de ser autêntica e procuro superar todos os dias minha própria personalidade, despedaçando dentro de mim tudo que é velho e morto, pois lutar é a palavra vibrante que levanta os fracos e determina os fortes. O importante é semear".

Constância, renovação, consciência da autenticidade, superação do ego, determinação e semeadura envolvem a (auto)consciência, assim como fé, propósito, qualidades, dons, sentimentos, ações, intenções e tantos outros elementos sobre os quais já refletimos.

Agora, eu desejo que você perceba outro componente do ser entusiasta e consciente: a visão holística. Você sabe o que é ter essa visão? Pois bem, é enxergar além dos olhos, é conseguir ler o cenário, o contexto, sentir os ambientes e trabalhar para a paz e para o desenvolvimento.

Qual a sua visão? Holística, cartesiana (muito lógica, numérica) ou muito sonhadora? Ou você tem um pouco de cada uma? Walt Disney criou a analogia dos chapéus do pensamento, da criatividade (conhecida como Estratégia Disney de Criatividade) para demonstrar que há o perfil sonhador, o realista e o crítico. Para tanto, Disney os definiu da seguinte forma: o sonhador é aquele que viaja no mundo das ideias, da criatividade e da imaginação e, portanto, tem uma visão de longo prazo. Seu pensamento não tem limites, é um buscador de inovações e se volta sempre para o terreno das possibilidades. O realista é aquele cujo papel é o de transformar o sonho em realidade e, para isso, volta-se para o presente, de modo a planejar os passos, a buscar alternativas para que o sonho seja atingido a longo prazo, isto é, no prazo necessário para sua concretização. Já o crítico é o que busca identificar possíveis desvios, inconsistências, falhas no desenvolvimento do plano traçado para a realização do sonho. Isso não quer dizer que a sua postura seja de conflito, isto é, de criticar negativamente o sonhador e o realista, mas sim de contribuir com críticas voltadas para o planejamento traçado para a execução do sonho ou alguma incongruência deste.

Perceba, meu amigo, minha amiga, como esses perfis são complementares. É por isso que eu lhe digo que é preciso colocarmos esses chapéus, entendermos esses perfis, para que tenhamos uma visão holística dos contextos nos quais estamos inseridos e interagimos, pois só assim realizamos uma leitura ampla, rica em referenciais e profunda destes.

Lembre-se de que o contexto não é explícito, declarado, mas precisa ser apreendido, percebido, sentido, lido e interpretado. Daí a necessidade de termos sensibilidade para ler um cenário e tudo que o compõe (condições, situação, pessoas, tempo, espaço etc.). Quer um exemplo prático? Imagine um contexto profissional no qual há um líder que não tem discernimento para analisar uma situação x e y, não tem a habilidade de ler pessoas, por exemplo. Você avalia que a atuação e a interação desse líder são efetivas, assertivas, humanas e que levarão projetos e pessoas ao êxito? Não, não é?

Há um aspecto importante sobre a leitura de pessoas, que envolve reconhecermos se determinado indivíduo está sendo verdadeiro conosco, ou seja, qual é a porcentagem de verdade no que ele nos diz. Tal observação, análise, avaliação e conclusão só são possíveis se formos dotados de uma visão holística, tão necessária nos vários papéis sociais que eu e você desenvolvemos em nossas vidas.

É por isso que posso lhe dizer, com muita segurança, que o pior inimigo da visão são os olhos. Isso porque nem tudo o que você vê é o que realmente é. Quer ver? Imagine que eu lhe mostre uma manga e lhe pergunte o que é. Você me responderá que é uma manga e eu lhe direi que sim, pois, aos olhos, é uma manga. Agora, quando você vê essa manga com os olhos da mente, aplicando a visão holística, você verá para além da materialidade da manga e perceberá potencialidades, possibilidades nela: ela pode ser o início de uma plantação de mil ou um milhão de fazendas que exportam suco de manga para cinquenta países, envolvendo o trabalho e os sonhos de muitas e muitas pessoas. Então, perceba que, muitas vezes, limitamo-nos a ver a superficialidade das coisas, dos contextos, das pessoas e nos acomodamos em acreditar apenas no que a retina dos nossos olhos capta.

Contudo, para termos certeza e fé no que enxergamos, é preciso ir para além do que os olhos veem, tendo a convicção de que há algo extraordinário a partir do que captamos por esse sentido do nosso corpo. Como estamos dialogando aqui, o ato de ver não se atém aos olhos, mas ao todo (holismo) das nossas percepções, da nossa mente e da nossa alma. Você já pensou o que faz com que você perceba, veja o amor de uma mãe, a fé que impulsiona uma pessoa a prosseguir em seu propósito e empreendimentos de vida, a força e as sutilezas da natureza, entre tantas outras coisas que permeiam a nossa vida?

Portanto, mais que olhar, é contemplar, considerar, admirar... Esses conceitos inerentes ao olhar, no sentido sobre o qual estamos dialogando aqui, estão presentes na forma como o grande professor, crítico e historiador da Literatura Brasileira, Alfredo Bosi, expõe no livro Fenomenologia do olhar. Eu li o seu texto faz algum tempo, mas ele ainda ecoa em mim por refletir muito como entendo o olhar que transcende o físico, o material, o parcial, o superficial, razão pela qual quero compartilhar as palavras dele com você:

> *Contemplar* é olhar religiosamente (*com-templum*). *Considerar* é olhar com maravilha, assim como os pastores errantes fitavam a luz noturna dos astros (*con-sidus*). Respeitar é olhar para trás (ou olhar de novo), tomando-se as devidas distâncias (*re-spicio*). E *admirar* é olhar com encanto movendo a alma até a soleira do objeto (*ad-mirar*)[4].

---

[4] BOSI, A. **Fenomenologia do olhar.** In: O olhar. São Paulo: Companhia das Letras, 1988. p. 65.

Você notou como Bosi compreende que o olhar não é só voltarmos os olhos para perceber o que está fora de nós, mas, muito mais, é olhar com a alma? Daí a importância da fé, da espiritualidade, da transcendência, da verdade e da consciência, como eu tenho ressaltado aqui.

BUSQUE A VERDADE
E SEJA UMA PESSOA VERDADEIRA

A verdade é algo que vale a pena buscarmos, pois ela é libertadora, não é? Basta nos lembrarmos de *João*, 8:32, "Conhecereis a verdade e a verdade vos libertará"[5]. Ela nos liberta dos nossos condicionamentos, das nossas faltas, das nossas ilusões e limitações. Isso porque a verdade é Jesus, que é o Caminho e a Vida, e tendo-O em nossos corações estamos aptos a exercer a nossa liberdade para existirmos com mais plenitude e menos sofrimento.

Ora, a maioria dos sofrimentos advêm da falta de conhecimento da verdade, o que leva as pessoas a realizarem coisas com base em critérios irreais. Então, eu lhe pergunto: como realizar projetos e sonhos se não for com o suporte da verdade? Não há como, pois não passarão de castelos de areia que a qualquer vento irão se desfazer.

Se buscamos a verdade, é coerente que sejamos pessoas verdadeiras. E, sem dúvida, esse é um dos atributos que deve ser mantido em nossa evolução como seres humanos. Ao rumarmos para a nossa melhor versão, a verdade não deve ser apenas algo a ser buscado no mundo, mas deve fazer parte da nossa essência, das nossas ações, intenções, senti-

---

[5] BIBLIA. Português. **Bíblia sagrada**. Tradução: Ferreira de Almeida. [S.l.]: LCC Publicações eletrônicas. João, 8:32. Disponível em: http://www.ebooksbrasil.org/adobeebook/biblia.pdf. Acesso em: 03 dez. 2021.

mentos e sonhos. Ou seja, tudo isso deve espelhar a verdade que lhe é fundamento, terreno fértil. Ao empreendermos em nossa vida, seja no que for e em qualquer contexto, fundamentados na verdade, sem dúvida, alcançaremos o que almejamos e a que nos determinamos concretizar. Afinal, a verdade é o marco zero de e para todos os caminhos, inclusive o da minha e da sua jornada interior.

Você conhece a fábula *O cavaleiro preso na armadura: uma fábula para quem busca a trilha da verdade*, escrita por Robert Fisher? Ela conta a história de um cavaleiro que acreditava ser gentil, amoroso e bondoso, pois suas ações envolviam todas essas qualidades. Vestido com sua armadura brilhante e imponente, ele estava sempre a postos para novas e necessárias batalhas em busca do bem de todos, mas, em meio a elas, o cavaleiro travava uma batalha maior: colocar-se no mundo verdadeiramente, com as pessoas que amava, e expressar a sua verdade e quem ele realmente era. Anseio esse dificultado por sua armadura, pois até mesmo sua esposa e filho viam apenas ela, era como se o homem dentro dela não existisse. Mesmo não querendo, o cavaleiro se distanciou das pessoas amadas e do seu verdadeiro eu. Quem ele era? Ao perceber que a armadura se tornou parte dele, ou melhor, tornou-se ele, o cavaleiro iniciou sua jornada em busca de si... Em que tempo, espaço, batalhas ele se perdeu? Para tanto, ele percorreu a Trilha da Verdade em busca do autoconhecimento e de seus sentimentos para se reencontrar e (re) colocar-se no mundo como ser.

Essa fábula nos leva a pensar em como é difícil nos colocarmos verdadeiramente no mundo, expressarmos a nossa verdade e agirmos verdadeiramente se não nos despirmos da nossa armadura, não baixarmos nossas armas para, assim, revelar quem realmente somos.

Note que o cavaleiro percorreu a Trilha da Verdade para buscar o autoconhecimento. Podemos concluir, então, que a sabedoria caminha lado a lado com a verdade. Pois bem, certa vez, encontrei uma definição de sabedoria que me chamou a atenção: sabedoria é ter discernimento, é saber separar as coisas. Por exemplo, é preciso separar o que agrega valor do que desagrega, a luz das trevas, o que nos leva ao caminho certo do que nos desvia dele, o que nos dá felicidade do que nos gera tristeza, o que nos conduz à certeza do que nos gera insegurança. Ou seja, temos que ter discernimento; não apenas para coisas, mas também para as pessoas próximas a nós. Portanto, ao buscarmos a verdade, que o façamos com sabedoria.

Desejo ainda compartilhar com você mais um detalhe, que aprendi em minha vida, sobre a verdade. É um conselho deixado por um grande líder há 2 mil anos, presente na Bíblia Sagrada, em Mateus 7:14: Construa sua casa na rocha e não na areia, pois na rocha batem os ventos, vêm as intempéries e a casa permanece intacta; ao passo que, se você construir sua casa na areia, ao primeiro vento ou tempestade, a casa desmoronará. Veja, essa rocha é a verdade. Com ela, é possível você construir tudo. Então, que você seja uma pessoa verdadeira em todos os lugares por onde passar e em todas as circunstâncias; que, com a verdade, você construa grandes projetos, pois ela é a maior estratégia para você atingir o sucesso, e que você jamais se esqueça que o seu nome vale mais que prata e ouro, como nos diz a Bíblia. Então, sempre cumpra o que você diz, zele pelo seu nome ao caminhar na Trilha da Verdade (como o fez o cavaleiro) em busca da realização da sua missão, do seu propósito, de seus projetos e da sua evolução pessoal.

À medida que vamos avançando em nosso diálogo, você deve estar percebendo a importância de termos alinhados o nosso trabalho, a nossa crença, o que somos e a nossa essência ao nosso propósito de vida, e este à nossa atitude empreendedora.

Entenda o empreendedorismo como a habilidade, a aptidão que uma pessoa tem para identificar problemas e oportunidades para, então, investir tempo, recursos e ideias na criação de um projeto, movimento ou negócio com potencial para gerar mudanças e impactos positivos não só para si, mas para todos os envolvidos, para a sociedade, portanto.

Logo, o espírito empreendedor pode e deve ser exercido nos vários contextos da nossa vida. Você o exerce, por exemplo, quando planeja e realiza a organização de um espaço da sua casa com o objetivo de otimizá-lo, quando delineia um projeto para concretizar um sonho (um negócio próprio, sua formação acadêmica, a mudança de cidade, algo envolvendo sua vida pessoal etc.), quando traça um plano e age para atingir os resultados almejados na empresa onde trabalha, entre tantas outras possibilidades e oportunidades de empreender na vida. Para tanto, além do que temos visto juntos, aqui, em nossas reflexões, você precisa ser otimista, protagonista da sua vida, autoconfiante, ter coragem para encarar os riscos e para se reconhecer vulnerável, ter um bom grau de resiliência e ser perseverante.

Talvez você esteja se perguntando como é possível se reconhecer corajoso(a) e vulnerável. Eu lhe digo que é perfeitamente possível, pois assim somos nós: temos coragem, mas também vivemos a nossa vulnerabilidade. Ter consciência disso é importantíssimo, até porque não somos máquinas, não podemos prever tudo, controlar tudo. Aliás, nem as máquinas são invulneráveis, do contrário não apresentariam avarias, panes, não é mesmo?

Embora não sejam ações fáceis identificar, reconhecer e vivenciar nossa vulnerabilidade, elas são necessárias para que possamos desenvolver, "acordar" nossas potencialidades e, claro, nossa consciência —

lembra-se? — para que busquemos vivências mais plenas, para que nos (re)conheçamos em todos os nossos aspectos.

Em seu livro, *A coragem de ser imperfeito*, Brené Brown, psicóloga, professora e pesquisadora da universidade de Houston, aborda vários paradoxos vivenciados pelo ser humano, entre eles a coragem e a vulnerabilidade. Para ela, tornamo-nos fortes ao aceitarmos a nossa vulnerabilidade, somos mais corajosos, ousados quando admitimos que temos medos. Note que Brown aponta para dois aspectos que precisamos ter sempre em mente e, assim, adotá-los em nossa forma de ver e de levar a vida: o perigo de perseguirmos o controle e a certeza de tudo e a necessidade de compreendermos a vulnerabilidade como propiciadora de uma coragem maior.

Compartilho com você um dos fragmentos do livro de Brené Brown que me encantaram muito e que acredito lhe será igualmente encantador pela verdade expressada pela autora.

> Ser "perfeito" e "à prova de bala" são conceitos bastante sedutores, mas que não existem na realidade humana. Devemos respirar fundo e entrar na arena, qualquer que seja ela: um novo relacionamento, um encontro importante, uma conversa difícil em família ou uma contribuição criativa. Em vez de nos sentarmos à beira do caminho e vivermos de julgamentos e críticas, nós devemos ousar aparecer e deixar que nos vejam. Isso é vulnerabilidade. Isso é a coragem de ser imperfeito. Isso é **viver com ousadia**.[6]

---

[6] BROWN, Brené. **A coragem de ser imperfeito**: como aceitar a própria vulnerabilidade, vencer a vergonha e ousar ser que você é. Tradução: Joel Macedo. Rio de Janeiro: Sextante, 2013. p. 10.

Ao fazermos algo com amor, nós nos damos a oportunidade de sermos entusiastas e conscientes. Ser consciente diz respeito à forma como existimos no mundo, como conduzimos a nossa vida e, nela, as relações emocionais que estabelecemos com as pessoas, com o nosso planeta, enfim, com tudo que faz parte do nosso cotidiano, da nossa vida.

@JOSEPAULOGIT

Ao vivermos assim, nós nos damos a chance de viver não só com ousadia, mas criando vínculos saudáveis com as pessoas, pois, como defende a autora – e eu compartilho desse entendimento e assim eu vivo – estamos aqui para isso, para criar vínculos. Isso porque faz parte da nossa natureza nos conectar uns com os outros, e essa conexão é que nos conduz ao propósito e ao sentido de nossas vidas. Muitas vezes os nossos medos, a vergonha das nossas vulnerabilidades, o receio de não sermos aceitos por conta delas acabam nos afastando das pessoas por acreditarmos não sermos compatíveis, dignos de um vínculo verdadeiro. Assim, somos levados a não acreditar em nosso valor. Então, eu lhe peço: não se renda à vergonha de sua vulnerabilidade e não perca o foco de ser consciente de si mesmo(a) e, consequentemente, de agir com consciência, como já conversamos aqui.

Avalio como bastante positivo compartilhar com você as atitudes de uma pessoa plena identificadas por Brown em *A arte da imperfeição*, e que ele retoma em *A coragem de ser imperfeito*. Isso porque penso que, ao contemplá-las, você não as perderá de vista e elas lhe servirão como bússolas nos momentos em que você sentir que perdeu o seu Norte.

UMA PESSOA PLENA:

1. Cultiva a autenticidade; se liberta do que os outros pensam.

2. Cultiva a autocompaixão; se liberta do perfeccionismo.

3. Cultiva um espírito flexível;
se liberta da monotonia e da impotência.

4. Cultiva gratidão e alegria; se liberta do
sentimento de escassez e do medo do desconhecido.

5. Cultiva intuição e fé; se liberta da necessidade de certezas.

6. Cultiva a criatividade; se liberta da comparação.

7. Cultiva o lazer e o descanso; se liberta da exaustão como
símbolo de status e da produtividade como fator de autoestima.

8. Cultiva a calma e a tranquilidade;
se liberta da ansiedade como estilo de vida.

9. Cultiva tarefas relevantes; se liberta de dúvidas e suposições.

10. Cultiva risadas, música e dança; se liberta da
indiferença e de "estar sempre no controle".[7]

---

[7] BROWN, Brené. **A coragem de ser imperfeito**: como aceitar a própria vulnerabilidade, vencer a vergonha e ousar ser que **você é.** Tradução: Joel Macedo. Rio de Janeiro: Sextante, 2013. p. 13.

Apreendemos, então, que o ser é o foco. Por isso, a necessidade de o indivíduo guiar-se pelo paradigma da humanização, do encontro e não ter o paradigma da performance como sua guia, pois este tem perturbado o mundo, adoecido pessoas, afastando-as da criatividade, espontaneidade, do aprendizado contínuo. Aliás, essa fixação na performance tem distorcido o entendimento e a interpretação do que é inesperado, de como devemos nos sentir quando algo não ocorre como o esperado, pois isso tem sido amplamente interpretado como fracasso.

Felizmente, recentemente, o professor especialista em empreendedorismo e liderança de impacto social, inovação de modelos de negócios e mercados emergentes, da London School of Economics, em Nova York, Christian Busch, publicou o livro *Mentalidade da serendipidade: a arte de criar boa sorte*, em que contempla a relevância de darmos sentido ao inesperado para que encontremos oportunidades tanto profissionais quanto pessoais. Em entrevista à BBC, Busch explica que

> muita gente se mostra cética quanto à capacidade de tirar proveito do acaso. Mas quando olham os dados, fica claro como a luz do dia: o inesperado está sempre acontecendo, então, faz sentido tentar estar pronto para ele. Hoje em dia, não é raro as empresas criarem cargos com títulos como *serendipity spotter* (algo como "identificador de serendipidade") (...) Aceitar a imperfeição como parte da vida nos permite aproveitar o momento se erros inesperados acontecem[8].

---

[8] RODRÍGUEZ, Margarita. Como se cria "sorte inteligente" para tirar o máximo proveito do inesperado. **BBC News Brasil.** 19 dez. 2020. Disponível em: https://www.bbc.com/portuguese/geral-54615373?utm_campaign=later-linkinbio-bbcbrasil&utm_content=later-22812385&utm_medium=social&utm_source=linkin.bio. Acesso em: 05 dez. 2021.

É importante não perdermos isso de vista para termos a consciência — e assim não nos deixarmos abater — de que não controlamos tudo, por mais que tenhamos feito o nosso planejamento, de que o acaso propicia novas oportunidades e de que, ao vivenciarmos o erro, superamos nossas limitações.

Então, não há do que nos envergonharmos. Aliás, ao se tornar um estilo de gerenciamento de vida, a vergonha mata a motivação, como afirma Brown, e eu posso reafirmar isso a partir dos meus aprendizados como pessoa e empresário.

Ao trazer Brown e Busch para o nosso diálogo, meu intuito é o de unir mais duas vozes que vem ao encontro da minha, que é fruto de meus estudos, de minhas reflexões, de minha fé, de minhas vivências em diversas esferas da vida e de resultados que tenho tido a oportunidade de observar.

Ressalto que não me restrinjo a observar apenas os meus resultados, mas os das pessoas que convivem comigo: minha família, meus amigos, meus colaboradores, as pessoas das comunidades das quais faço parte. Isso porque é uma grande satisfação para mim ser, estar e interagir com as pessoas, manter tais vínculos de forma saudável, positiva, produtiva e cooperativa, pois não estamos e não somos sozinhos nesse mundo. Logo, não há como não nos vermos em cooperação, em grupo.

Desse modo, devemos nos entender como seres que precisam ser para ter. Ou seja, a compreensão de que vivemos, agimos e interagimos em cooperação e guiados por uma Inteligência Infinita é de suma importância. O que é essa Inteligência Infinita? Você já ouviu falar dela? Pois bem. Lembre-se de que você está aqui, na Terra, que nela viverá por um período — 70, 80, 100 anos —, que o mundo existe antes e existirá depois de você e que somos companheiros dessa jornada, dessa passagem. Agora, lembre-se também de que existe uma Inteligência Infinita que criou você e o universo. É Ela que mantém tudo funcionando, existindo. Então, conecte-se a Ela! Ou seja, conecte-se a Deus! Desse modo, você construirá o seu conhecimento, desenvolverá a sua sabedoria e o seu entendimento das coisas e das pessoas. Para tanto, não acredite que você é autossuficiente para ser feliz, conquistar sucesso, atingir seu propósito de vida, sua missão. Lembre-se de que você não consegue nada sozinho. Aliás, se você conquistar algo sozinho, essa conquista será relativa, pois você até poderá ter algo, mas a felicidade ainda lhe será algo almejado. A felicidade não é uma conquista solitária.

Então, conecte-se à Inteligência Infinita, também chamada de Consciência Inspiradora, como vimos. Contemple e mantenha o seu vínculo com a transcendência, consigo mesmo, com seu semelhante, com a natureza, com o mundo. Tenha em mente sempre a teia da vida, visão essa proporcionada pelo físico Fritjof Capra[9], na obra *Teia da vida*, em que o autor passeia por caminhos diversos do saber científico, cultural e social na história da humanidade e de seu conhecimento para nos trazer uma nova lente para percebermos, enxergarmos, interpretarmos, sentirmos e fazermos o mundo de uma nova forma, entendendo que tudo está ligado, que tudo existe em teia. Cada ser, cada elemento existente no universo é um fio da teia da vida. Teia essa que reverbera, pois o que faço a mim alcança o outro, nele ecoa.

Portanto, podemos traçar um paralelo aqui: se a vida está em teia, cada ação, cada plano e cada projeto que empreendemos também

---

[9] CAPRA, Fritjof. **A teia da vida**: uma nova compreensão científica dos sistemas vivos. Tradução: Newton Roberval Eichemberg. 3. ed. São Paulo: Cultrix, 1998.

estão. Assim sendo, os nossos empreendimentos, sendo positivos ou negativos, vibrarão naqueles que deles fazem parte e em seu entorno, ou seja, a teia irá reverberar o que a constitui: algo positivo ou não. Logo, estarmos conscientes disso nos leva a investir em conhecimento, a planejar melhor, a considerar vários fatores que implicarão não só nos resultados desses empreendimentos, mas — e especialmente — nas pessoas neles envolvidas, nas crenças neles implicadas. Portanto, é de suma importância o alinhamento do trabalho com a essência do empreendimento — não importa qual seja, lembre-se disso! — para que ele tenha sucesso.

Sobre ter sucesso, vencer na vida... desejo lhe falar um pouco mais sobre isso, com foco em um dos fatores que limita o sucesso, que impede alguém de fazer o (seu) extraordinário, que restringe a realização de sonhos. Inclusive, eu já falei dele para várias pessoas em minha vida e, talvez, muitas delas não o tenham compreendido na essência, pois não é algo fácil de ser entendido: o que mais limita alguém na vida é a incapacidade de mudar a si próprio. Muitas pessoas acreditam que é a formação acadêmica, a experiência profissional, o *networking*, o relacionamento... não! Digo-lhe com toda certeza de que o que mais limita o ser humano é tal incapacidade. Isso porque o mundo não muda por si próprio, mas, sim, quando você muda. Dessa forma, mude a sua cabeça e você mudará o seu mundo.

Lembre-se de que somos seres em constante transformação e, como tais, devemos também nos libertar das nossas crenças autolimitadoras. Ora, a vida é um projeto importantíssimo e está sujeito a leis universais, e tais crenças prejudicam quem as tem, pois impedem o fluir do indivíduo e da sua vida.

Há pessoas, por exemplo, que acreditam piamente que não podem fazer determinada coisa, que tal sonho lhes é inalcançável, que avaliam não ter as condições financeiras ideais para realizar algo, porque não têm a idade ideal (sentem-se novas ou velhas demais) para serem empreendedoras efetivamente, porque não têm uma educação acadêmica ideal, porque não estão no país adequado para concretizar seu sonho. São tantas as crenças autolimitadoras! É possível que você tenha a sua, mas eu quero que você entenda que isso não existe. Nenhuma dessas crenças se sustentam. Ora, onde você está é onde deveria estar, pois você faz parte de um projeto maior. Entenda isso, por favor!

Você está no local que lhe proporciona experiências necessárias para seu aprendizado, para que se dê o seu crescimento como ser humano. Portanto, você é como é e está onde está porque faz parte de um projeto, de um plano maior. Confie nele, confie em você e no Criador, pois, com Ele e para Ele não há nada sem um propósito, sem um porquê. Confie e trilhe o seu caminho, não se limite e não se deixe limitar!

Ao se livrar de suas crenças autolimitadoras, você se sente capaz de empreender mais e de forma mais significativa no que se propõe a realizar. Desse modo, ao exercer seu empreendedorismo, você se prepara melhor para viver em um mundo cada vez mais complexo.

E quais seriam os passos para isso? Acredito que esse possa ser seu questionamento.

Com base na minha experiência e conhecimento, compartilho com você cinco passos para tal: o primeiro é que você tenha a possibilidade de ter o seu próprio negócio, gerar rendas e receitas de acordo com seu esforço; o segundo diz respeito a aprender sobre liderança na prática, isto é, saber como liderar todos os processos de uma companhia, como vendas, finanças, e por aí vai; o terceiro passo é adquirir autodesenvolvimento, porque você aprenderá com o seus erros e acertos e melhorará a si mesmo; o quarto relaciona-se com a conquista de seus próprios investimentos por meio do seu trabalho, pois quando você se desenvolve, ganha dinheiro e, então, faz seus investimentos; e o quinto passo é aprimorar sua empatia com as pessoas para trabalhar melhor e em sintonia com as pessoas da sua equipe e, assim, desenvolver bons projetos e atingir os resultados positivos almejados. Portanto, o empreendedorismo é uma megaescola para você aprender na prática uma infinidade de coisas que lhe darão mais flexibilidade e dinâmica para atuar em um mundo cada vez mais complexo, incerto e veloz.

Ao lhe expor essas breves recomendações, intenciono proporcionar mais subsídios para que você compreenda o empreendedorismo para além do senso comum, observando a amplitude de seu conceito, os fatores e as ações nele implicadas e o perceba como uma das formas pelas quais desenvolvemos aprendizados mais consistentes, novas habilidades e ações em sinergia com os nossos planos de vida.

Isso me faz lembrar de Stephen Covey novamente, que explica que um "salto qualitativo somente pode ser realizado em nossas vidas quando deixamos de cortar as folhas da atitude e do comportamento e passamos a trabalhar nas raízes, nos paradigmas que determinam a nossa conduta"[10]. Logo, para vermos diferente, precisamos ser diferentes.

Ao trazer a metáfora das folhas e das raízes expressada por Covey, veio-me à mente a máxima bíblica de que é preciso plantar para colher e, sobre ela, quero compartilhar com você cinco orien-

---

[10] COVEY, Stephen R. **Os 7 hábitos das pessoas altamente eficazes.** 52. ed. rev. e atual. Tradução: Alberto Cabral Fusaro *et al.* Rio de Janeiro: Best Seller, 2015. p. 59.

tações importantes: primeiro, semeie para colher os frutos, ou seja, invista (no trabalho, no estudo) para, então, poder colher. Posteriormente, trabalhe com focos bem específicos e definidos em sua vida. Em terceiro lugar, trace metas de curto, médio e longo prazo. Em quarto, use a inteligência para poder prosperar, ou seja, trabalhe mais com a cabeça e menos com os braços. Em quinto lugar, tenha paciência para colher os frutos. Lembre-se de que o mundo não foi feito da noite para o dia. Logo, para que você tenha resultados, é preciso um trabalho de médio e longo prazo.

Porém, antes de tudo isso, plante boas sementes. Vejo pessoas desejando colher sem plantar – não há como! Então, quanto melhor for a sua plantação – em volume e qualidade – melhor será a sua colheita. Para que sua semeadura e colheita sejam abundantes, prósperas, seja uma pessoa verdadeira para com você, seu semelhante, sua espiritualidade, o mundo e para com sua missão e sonhos de vida.

O QUE É PROSPERIDADE?

No parágrafo anterior eu usei as palavras "abundantes" e "prósperas" – imagino que você as tenha relacionado a prosperidade. Então eu lhe pergunto: o que é prosperidade para você? Você já parou para pensar neste conceito?

Muitas pessoas associam prosperidade a riqueza financeira, a fartura material, porém, ela é muito mais do que isso. Essa é apenas uma parte e muito ínfima dela. Eu entendo a prosperidade como sendo o equilíbrio que a pessoa tem nas várias áreas da vida – equilíbrio esse que deve estar presente nas sete áreas da vida: pessoal, profissional, familiar, social, financeira, cultural e espiritual. Portanto, quando há o equilíbrio em todas essas áreas, ou seja, quando estamos bem em todas elas, aí sim temos prosperidade.

É o que eu chamo de prosperidade do equilíbrio, pois de que adianta você ser uma pessoa milionária e ter uma família arruinada ou, ainda, de que adianta ter uma família extraordinária, mas ser alguém que ainda não conseguiu se encontrar em sua missão de vida? Assim sendo, é no equilíbrio das várias esferas da vida que está a verdadeira prosperidade.

Da mesma forma, riqueza não significa dinheiro na conta bancária, mas sim ter paz de espírito, harmonia. Contudo, o senso comum, gerado pelo mundo capitalista em que vivemos, propaga o sentido incorreto do termo, relacionando-o com ostentação. Basta olharmos as redes sociais digitais e analisarmos as postagens nelas veiculadas. Constantemente vemos postagens denotando *status*, opulência, luxo. Por exemplo: só é "vendida" a imagem da pessoa fazendo pose ao lado de um Camaro amarelo. Por que não é postada a foto da pessoa com sua família em um restaurante? Porque as pessoas acham que riqueza se traduz em dinheiro. Essa é uma ilusão gigantesca. Aliás, dinheiro, para quem é desprovido de valores, só traz tristeza, porque a pessoa se perde naquilo que o dinheiro proporciona, fazendo um monte de bobagens, destruindo relacionamentos, entre tantos outros equívocos em sua vida. A pior coisa que existe é dinheiro na mão de quem não tem caráter, discernimento e valores, pois a pessoa terá bastante poder para fazer muita besteira.

Você conhece a fábula *O sentido da riqueza?* Bem, eu vou contá-la de forma resumida.

Com o forte propósito de mostrar ao filho pequeno o quanto as pessoas podem ser pobres, o pai rico o levou para viajar pelo interior. O objetivo do pai era convencer o menino da necessidade de ele valorizar os bens materiais e o prestígio social que possuíam, pois ele intencionava repassar esses valores a seu filho, o seu herdeiro. Pai e filho se hospedaram, durante um dia e uma noite, em uma casinha de taipa, que pertencia a um morador da fazenda do primo desse senhor rico. Pois bem, ao retornarem de viagem, o pai indagou o filho sobre o que ele achou dela. O menino respondeu que foi ótima. Então, o pai lhe perguntou se ele percebeu a diferença de viver na riqueza e na pobreza. O menino lhe respondeu que sim. Então, o pai questionou o menino sobre o que ele aprendeu. O menino respondeu de pronto que viu que ele tinha apenas um cachorro em casa e que os moradores da casinha de taipa tinham quatro; que ele tinha uma piscina que abrangia metade do jardim, enquanto os moradores da casinha possuíam um riacho sem fim; que ele tinha uma varanda coberta e iluminada, mas os moradores da casinha tinham as estrelas e a lua; e que o quintal dele ia até o portão de entrada da casa, já os moradores da casinha tinham uma floresta. É claro que o pai estava perplexo ao ouvir o filho, que agradeceu ao pai por lhe mostrar o quanto eles (pai e filho) eram pobres.

Essa fábula simples e encantadora ilustra muito bem o que refletimos sobre a verdadeira riqueza, assim como toca em um ponto bastante importante, que é o da pobreza de espírito – o pai a tinha, apesar de todos os bens materiais que ele considerava riqueza. O menino sim tinha um espírito grandioso, rico, pois seu olhar ultrapassava a superficialidade das coisas, os seus valores se relacionavam com o ser e não com o ter. Ao compartilhar a sua percepção, o seu entendimento com o pai, o menino também demonstrava ser rico em generosidade, pois despertou o pai para o que é ser rico verdadeiramente, pois o pobre de espírito nada tem.

E por falar em generosidade... ela é uma das grandes qualidades de uma pessoa com riqueza de espírito, que sempre recebe as bênçãos e a segurança que provém de Deus em virtude das suas posturas, comportamentos, valores, princípios, ações e intenções. Ora, se o indivíduo tem a sua forma de estar no mundo e com os outros pautada na generosidade, ele não só é recebedor de graças, mas é também um agente que consagra, que abençoa a vida das pessoas com as quais interage. Simples assim, não é, meu amigo, minha amiga? Quem abençoa também é abençoado.

Nesse sentido, podemos resgatar, aqui, a ideia de que ser é mais importante do que ter, pois é no "ser" que se encontra o que há de mais importante no mundo. E, ao possuir como um dos valores o "ser", não há como nos separarmos da nossa espiritualidade, de Deus. Logo, não há como não investirmos na fé, nas coisas de Deus (entre elas, a sua Palavra), na espiritualidade.

Além de ser, devemos ser inteiros, como nos disse o poeta Fernando Pessoa, por meio de seu heterônimo Ricardo Reis, no poema *Ode*:

> Para ser grande, sê inteiro: nada
> Teu exagera ou exclui.
> Sê todo em cada coisa. Põe quanto és
> No mínimo que fazes.
> Assim em cada lago a lua toda
> Brilha, porque alta vive[11].

Ao vivermos com inteireza, ou seja, com integridade em todos os sentidos, aspectos e dimensões do nosso ser, não só seremos e nos sentiremos grandes enquanto seres humanos, mas também evitaremos arrependimentos ao olharmos para nós e para a nossa vida. Aliás, você sabe quais são os três maiores arrependimentos relatados por pessoas em estado terminal? Pois bem, eu vou lhe contar...

Foi realizada uma pesquisa com pacientes nesse estado, portanto, conscientes da proximidade da morte, que é um momento fundamental da vida de cada ser, e eles os identificaram nesta ordem: arrepender-se de não ter vivido o amor com a pessoa pela qual o coração batia mais forte, ou seja, não saber viver um grande amor, seja renunciando-o, seja convivendo com brigas motivadas por bobagens, por coisas sem sentido; arrepender-se de não ter curtido os filhos, ou seja, os filhos cresceram e essas pessoas não tiveram a oportunidade de estar com eles, não desfrutaram a companhia, a convivência e não estabelecerem uma relação mais próxima; e o terceiro arrependimento é o de não realizar os seus sonhos,

---

[11] PESSOA, Fernando. **Poemas de Ricardo Reis.** Lisboa: Imprensa Nacional, 2015. p. 28 (Coleção Pessoana)

tantos os sonhos pessoais quanto os profissionais, pois o tempo passou e essas pessoas acabaram não concretizando muito do que desejavam.

E o que podemos fazer para que isso não aconteça conosco? Primeiro, amar de verdade; segundo, curtir os filhos; e terceiro, fazer os nossos sonhos acontecerem. E, em cada ação dessa, sermos e estarmos inteiros. Assim, como nos revela o poeta, seremos grandes, vivenciaremos relações e experiências grandiosas, no sentido de serem significativas para nós e para quem as compartilha conosco, por serem verdadeiras. Quando digo "verdadeiras" não estou pensando unicamente na mentira, mas, em especial, nas renúncias diárias — feitas conscientemente ou não — que nos mantêm alheios ao que realmente importa, que nos mantêm à margem de "cada lago" da nossa vida e de nós mesmos. Que possamos nos lembrar que, em cada lago da nossa vida, do nosso ser, há sempre "a lua toda", que brilha "porque alta vive".

> ## Então, nunca se esqueça:
> ### viva alto, viva inteiro(a)!
> ### Seja você integralmente
> em cada coisa, em cada relação,
> em cada projeto de vida, em cada
> sentimento, em cada ação, em cada sonho
> acalentado e na busca de sua realização.
>
> @JOSEPAULOGIT

SEU SONHO, PLANO E CONCEITOS?

Agora, eu o(a) convido, meu amigo, minha amiga, a olhar para você, para o seu sonho... Qual é o seu maior sonho? Sei que você tem vários, mas, neste momento, procure escolher o que você mais deseja realizar. Em seguida, procure identificar ações para o seu plano de concretização desse sonho. Para isso, você irá olhar para alguns aspectos seus, da vida e sobre sonhar que estiveram presentes em nosso diálogo neste capítulo. Aceita o convite?

**Então, reserve um tempinho
para você mesmo(a)
e boa reflexão!**

ABRAÇO, JOSÉ PAULO

Eu: _____

Coloque o seu nome. Volte-se para você!

Meu sonho é:

Como é minha espiritualidade:

Como sou com pessoa (valores, princípios, em que acredito, posturas, atitudes, visão de mundo):

Consigo ou não visualizar o meu sonho em meio ao meu dia a dia:

Estas são estratégias (táticas, decisões, ações etc.)
que me guiam em busca dos meus sonhos:

Eu me considero ou não uma pessoa entusiasta porque:

Eu não me considero ou não uma pessoa
entusiasta e consciente porque:

**Ao ler o que diz Salomão em Provérbios 23:18 a seguir,
como eu me vejo nesse sentido?**

"Assim, o seu futuro será brilhante,
e você não perderá a esperança"
Provérbios 23:18 (NTLH)

**Eu já consigo visualizar a estrutura do meu sonho
(como se fosse a de um prédio):**

**Eu ainda não consigo visualizar a estrutura do meu sonho
(como se fosse a de um prédio):**

**Ao ler o poema de Cora Coralina a seguir,
como eu me vejo neste sentido?**

"Tenho consciência de ser autêntica e procuro superar todos os dias minha própria personalidade, despedaçando dentro de mim tudo que é velho e morto, pois lutar é a palavra vibrante que levanta os fracos e determina os fortes. O importante é semear."

Cora Coralina

A minha habilidade para perceber, ler, interpretar e compreender as pessoas e os contextos é (boa, ruim, aguçada):

Sou ou não uma pessoa verdadeira para comigo mesma, para com os outros e no que realizo:

Como realizar projetos e sonhos se não for com
o suporte da verdade? É possível? Eu penso que:

Já que o espírito empreendedor pode e deve ser exercido nos vários contextos
da vida, eu me considero ou não uma pessoa empreendedora porque:

Eu me reconheço como uma pessoa corajosa porque:

Eu sei quais são as minhas vulnerabilidades.
Eu lido bem ou não com elas, pois:

Das atitudes descritas por Brené Brown,
em *A arte de ser imperfeito*, para ser uma pessoa plena, eu pratico:

UMA PESSOA PLENA:

1. cultiva a autenticidade; se liberta do que os outros pensam.

2. cultiva a autocompaixão; se liberta do perfeccionismo.

3. cultiva um espírito flexível; se liberta da monotonia e da impotência.

4. cultiva gratidão e alegria; se liberta do sentimento de escassez
e do medo do desconhecido.

5. cultiva intuição e fé; se liberta da necessidade de certezas.

6. cultiva a criatividade; se liberta da comparação.

7. cultiva o lazer e o descanso; se liberta da exaustão como símbolo
de status e da produtividade como fator de autoestima.

8. cultiva a calma e a tranquilidade;
se liberta da ansiedade como estilo de vida.

9. cultiva tarefas relevantes; se liberta de dúvidas e suposições.

10. cultiva risadas, música e dança; se liberta da indiferença
e de "estar sempre no controle".

Como eu entendo a afirmação de que "a felicidade não é uma conquista solitária":

Prosperidade para mim é:

Eu me vejo ou não caminhando em direção à prosperidade porque:

Avalio que estou ou não no rumo certo para realizar o meu sonho porque:

VOCÊ É ÚNICO E É PARTE DE UM MUNDO MELHOR

Grande sertão: veredas
A vida inventa!
A gente principia as coisas, no não saber
por que, e desde aí perde
o poder de continuação — porque
a vida é mutirão de todos,
por todos remexida e temperada.
João Guimarães Rosa

A SUA VIDA É UM GRANDE PROJETO

Meu amigo, minha amiga, sei que fui enfático o(a) estimulando a viver alto, a ser inteiro em tudo a que você se dedica, em tudo em que você se envolve e sente. Fiz essas colocações porque desejo que você entenda que a sua vida é um grande projeto e, portanto, não há como vivê-la sem ser inteiro(a).

É dessa forma que exercemos, expressamos ao mundo e em nossa vida a nossa singularidade, a nossa individualidade, o que nos faz ser únicos. Então, lembre-se sempre de que não existe, não existiu e não existirá alguém no mundo como você. O ser humano não é feito em série. Portanto, você foi feito para um projeto especial na sua geração.

Eu também anseio que você compreenda que você faz parte de uma grande sinfonia. Assim sendo, você é o músico, que está ao lado de outros músicos, cuja missão é compor e executar uma bela sinfonia. Como nos disse Riobaldo, em *Grande sertão*: veredas: "a vida é mutirão de todos, por todos remexida e temperada."[1]

Outra analogia que posso usar é a do quebra-cabeças: pense em um grande quebra-cabeças e note que você é uma de suas peças... uma peça única que, com as demais, compõe o quebra-cabeças chamado "mundo melhor".

Agora, eu lhe pergunto: será que basta você ter consciência de que você faz parte dele? Eu posso lhe responder com toda certeza de que não, pois você precisa ter, para si, de forma muito clara, qual a sua função nele. Ou seja, qual a sua missão para a construção de um mundo melhor, isto é, a razão de você estar aqui na Terra, buscando fazer parte do grande projeto que é fazer um mundo melhor.

Entendido esse aspecto relacionado a você e à vida, eu gostaria que você contemplasse mais uma perspectiva sobre você, pois você, por si só, é o maior projeto de todos os tempos. Veja como tudo se inter-relaciona: você, o maior projeto de todos os tempos, só pode fazer parte de um grande projeto que é a sua vida. Note como há coerência, fundamento e equilíbrio nisso tudo!

É provável que você esteja me indagando: ora, por que eu sou o maior projeto de todos os tempos? Por que você diz isso? Eu não me vejo assim... E eu lhe respondo: veja-se assim, pois assim você é! Eu acredito em um Criador que criou o mundo, o sol, a lua, separou a terra do mar, criou os animais, as plantas, os sons, os odores, as cores... Depois que criou e abençoou tudo, Deus criou o ser humano à sua imagem e seme-

---

[1] ROSA, João Guimarães. **Grande sertão**: veredas. São Paulo: Nova Aguilar, 1994. v. 2. p. 658.

lhança, recomendando que administrasse a Terra. Portanto, se somos feitos à imagem e semelhança do Criador, somos minicriadores.

Minicriadores de quê? De tudo que faz esse mundo melhor. Desde as coisas mais básicas, mas que fazem a diferença no cotidiano das pessoas, até descobertas importantes, como um medicamento, um projeto que muda qualitativamente o entorno de uma comunidade, ações voltadas para o acesso ao conhecimento e desenvolvimento de pessoas, entre tantas outras realizações possíveis, necessárias e desejadas para que cada pessoa viva em um mundo melhor e, que, por sua vez, também promova essa busca, nesse grande mutirão remexido e temperado por todos nós.

Logo, para que esse movimento ocorra, é preciso que, ao buscarmos mover o mundo, o primeiro passo seja o de movermos a nós mesmos[2], como nos disse Platão. Perceba, você, como podemos também aproximar essa reflexão filosófica do que dialogamos sobre:

- **sonhos;**
- **planos;**
- **ações;**
- **ser entusiasta;**
- **ser paciente;**
- **ser verdadeiro(a);**
- **ser atuante;**
- **ser inteiro(a);**
- **consciência.**

---

[2] PLATÃO. **Universo filosófico.** Disponível em: http://universo-filosofico.blogspot.com/2010/11/platao.html. Acesso em: 06 fev. 2022.

Isso tudo implica o pulsar, o nutrir, o acolher, o expressar, o agir, o preservar da fé para que, assim, possamos nos colocar como seres únicos que somos nos diversos contextos, relações e empreendimentos da vida.

E para quê? Para criarmos um mundo melhor, para nos oportunizarmos ser melhores, para propiciarmos ao outro ser melhor e para nos sentirmos efetivamente como uma das frações de um mundo mais bem cocriado.

Se você ainda estiver pensando sobre isso tudo e se há alguma validade nisso, nada melhor do que eu emprestar as palavras do escritor moçambicano Mia Couto para a sua, para a nossa reflexão. Na obra *Jerusalém*, o protagonista nos diz que "A vida é demasiado preciosa para ser esbanjada num mundo desencantado".[3]

Essa narrativa relata a história de quatros homens – o pai, seus dois filhos e um capataz – abrigados em uma antiga coutada (lugar para pastagem de equinos e bovinos), fugindo da cidade e de seu passado, ainda bastante presente. Ao lermos a sinopse dessa história, conseguimos entender o porquê de Mwanito, o filho mais novo e narrador da história, expressar tal frase. A vida é preciosíssima e a vivermos em um mundo "desencantado" é não reconhecermos a sua magnitude, não a identificarmos como um presente valioso que nos foi dado, não buscarmos vivê-la dessa forma, não nos sentirmos assim, não sermos inteiros e não nos sentirmos cocriadores de um mundo melhor, povoado de encantamento, no sentido que aprendemos nas palavras de Mia Couto e no que temos dialogado aqui.

Jamais se esqueça, meu amigo, minha amiga, que a vida é um grandioso projeto e que você é parte dele, que a vida é um "mutirão de todos". Logo, o seu projeto de vida – e sua busca e realização – integra o conjunto de pecinhas desse grande quebra-cabeças, dessa sinfonia espetacular que é a vida.

---

[3] COUTO, Mia. **Jerusalém**. Alfragide: Caminho. 2009. p. 23.

DICAS PARA VOCÊ APLICAR EM SEU PROJETO

Pois bem, avalio oportuno e bastante positivo ressaltar que o seu projeto começa hoje, agora! Quero, então, compartilhar cinco dicas para você aplicar no projeto da sua vida: a primeira é a de que nunca é tarde para começar, pois grandes empreendedores da atualidade iniciaram seus empreendimentos com 50, 60 anos; a segunda é a de que você utilize as ferramentas disponíveis no momento, pois você tem várias ferramentas importantes para trabalhar (internet, mídias sociais, uma série de recursos); a terceira, arrisque-se, saia da sua zona de conforto, pois ela é a pior coisa para quem deseja crescer, realizar seus sonhos (e, claro, fazer um mundo melhor); a quarta dica é a de que você acredite em você e em seu potencial, pois você foi feito com e para a excelência, ou seja, o peixe foi feito para nadar, o pássaro para voar e você para atingir o sucesso em seus objetivos, em seu projeto de vida; e a quinta dica que lhe dou é a de que você coloque suas ideias no papel e "pau na máquina", planeje-as e execute-as, trabalhe para ter resultados, trabalhe pela realização da sua missão.

Ora, ao lhe falar da vida como missão, como o grande projeto de cada um de nós, veio-me à lembrança algo que considerei bastante importante e que foi dito por Stephen Covey, em *Os 7 hábitos das pessoas altamente eficazes*, ao narrar ensinamentos de seu pai, que ele considerava um mestre, um sábio. No relato de Covey, entre tantos aspectos interessantes, o que me veio à lembrança — e que se encaixa aqui — é este ensinamento dado pelo seu pai: "'a vida é uma missão e nunca uma carreira', e que poderíamos encontrar a verdadeira felicidade servindo aos outros"[4]. Essa é mais uma

---

[4] COVEY, Stephen R. **Os 7 hábitos das pessoas altamente eficazes.** 52. ed. rev. e atual. Tradução: Alberto Cabral Fusaro et al. Rio de Janeiro: Best Seller, 2015. p. 24.

excelente perspectiva para adotarmos em nossa compreensão da vida como missão, como um grande projeto, e entendermos que nossas atitudes, escolhas, valores, princípios e nossa fé nos levarão a resultados compatíveis com tudo isso que é intrínseco a nós, ao nosso ser e estar no mundo.

Dessa forma, é preciso notarmos que, ao falar em atingir o sucesso, em alcançar resultados, não podemos ter uma visão superficial, simplista e do senso comum sobre essas ações, pois, antes delas e para que elas se concretizem verdadeira, profunda e efetivamente, elas demandam primeiramente o caráter, o bom caráter. Assim, sem sombra de dúvidas, afirmo que a construção de um bom caráter é o primeiro passo para desenvolvermos tais ações, nos realizarmos nelas e como seres humanos.

Claro que o caráter vem acompanhado de outras características e princípios, sobre os quais já dialogamos anteriormente, como a consciência, a verdade, a paciência, a disciplina, a fé, a espiritualidade, a integridade, os valores, o entusiasmo, as sensações, as atitudes, as perspectivas, os sonhos, os planos, os sentimentos, as percepções, a sensatez... Como nos disse Alberto Caeiro, um dos heterônimos do poeta Fernando Pessoa, no maravilhoso poema *O guardador de rebanhos*:

> Da minha aldeia vejo quanto da terra se pode ver do Universo
> Por isso a minha aldeia é tão grande como outra terra qualquer,
> Porque eu sou do tamanho do que vejo
> E não do tamanho da minha altura...
> (...)[5]

---

[5] CAEIRO, Alberto. O guardador de rebanhos. In: PESSOA, Fernando. **Poemas de Alberto Caeiro.** 10 ed. Lisboa: Ática, 1993, p. 32.

Assim, que nós sejamos não do tamanho da nossa altura, mas do que vemos (contemplamos, sentimos, somos) para que, dessa forma, vivamos a nossa vida como missão e sabedores, conscientes dela, pois, dessa forma, não seremos meros "caminhantes", porque a nossa rota, o nosso objetivo, é traçado por nós e somos acompanhados por aqueles que aceitam rumar e nos apoiar durante a sua travessia. Ressalto aqui novamente o entendimento de que não fazemos nada sozinhos, pois "a vida é mutirão de todos, por todos remexida e temperada", como nos diz Riobaldo Tatarana.

SAIBA AONDE QUER CHEGAR, TRACE METAS

É muito importante saber aonde queremos chegar. Sem um objetivo traçado, nós nos sentiremos perdidos e trilharemos qualquer caminho que esteja à nossa frente. Isso me lembra uma passagem de *Alice no país das maravilhas*, de Lewis Carroll[6], quando a personagem pede ajuda ao Gato sobre que caminho tomar. Ele, então, diz a ela que este depende de onde ela quer ir, e Alice lhe responde que o destino não importa. Diante dessa resposta, o Gato lhe responde taxativo que, então, também não importa que caminho ela vai tomar. Portanto, precisamos saber claramente aonde queremos chegar para, então, traçarmos nossa rota, buscarmos o melhor caminho. Sem essa definição, não é possível desenvolvermos o passo a passo dessa nossa construção, ou seja, da nossa missão de vida.

Certa vez perguntaram a um filósofo grego: "como eu faço para chegar ao Monte Olimpo?" O filósofo, então, respondeu: "com a segurança que cada passo é dado na direção do seu objetivo." Portanto, é preciso que dia a dia

---

[6] CARROL, Lewis. **Alice no país das maravilhas.** Tradução: Nicolau Sevcenko. São Paulo: Cosac Naify, 2009.

você rume em direção ao alcance das suas maiores metas, pois a sua vida é um grande projeto (como temos dialogado aqui), que merece o melhor. Para isso, estabeleça metas, trace um plano e vá firme em direção aos seus sonhos.

Quero lhe chamar a atenção para um detalhe essencial sobre ter metas, que é esta proporção: quanto mais clara for sua meta, mais ampla, maior será sua fé. Compreende? Isso porque quanto mais "desenhada", detalhada, compreendida e clara for a sua meta, maior será sua fé em concretizá-la. Faça esse exercício!

Imagine um projeto seu nos mínimos detalhes: o lugar onde você o executará, para qual público, como são as pessoas que virão em busca do que esse seu projeto oferecerá, como são as pessoas que comporão o seu quadro de colaboradores, qual a finalidade desse projeto (seja ele qual for!), o que ele promoverá, as cores do local onde será instalado, qual a sua missão, visão e valores... Enfim, detalhe-o em sua cabeça e em seu coração, claro, pois isso alimentará, fortalecerá a sua fé, a sua convicção sobre o que irá acontecer, isto é, a realização do seu projeto. Entenda, portanto, que a sua meta estar bem detalhada e clara é diretamente proporcional à fé, à convicção que você tem em colocá-la em prática, em realizá-la.

Ao sonhar, detalhar a sua meta para a realização do sonho e alinhá-la com a sua fé, não tenho dúvidas de que você movimentará, sacolejará o seu mundo, que vibrará no mundo das pessoas que o cercam. Nesse sentido, comungo a perspectiva do psiquiatra, cientista e escritor Augusto Cury, que nos fala dessa relação em seu livro *Nunca desista dos seus sonhos*, que li faz algum tempo.

E como defino metas? Talvez você esteja se perguntando. Pois bem, há diversos métodos para isso e eu vou compartilhar um que o(a) ajudará a orientar seus esforços, sua dedicação e suas ações na busca de seus sonhos: a estratégia SMART ou Metas SMART. O método SMART pode ser utilizado tanto para objetivos pessoais quanto profissionais.

A primeira coisa que você tem de ter em mente é que as metas definidas por você devem lhe servir como estímulo, incentivo e não o oposto disso, a ponto de você não se identificar com elas, não as reconhecer como um direcionamento, um caminho efetivo e não as perceber como possíveis de serem realizadas por você. Portanto, é preciso que você as compreenda como recursos, investimentos que lhe servirão como norte para a obtenção do que almeja.

Que tal você experimentar fazer a sua estratégia SMART? Escolha um objetivo, o sonho que deseja realizar e mãos à obra! Eu lhe darei o passo a passo na sequência.

Figura 2.1 – Estratégia SMART

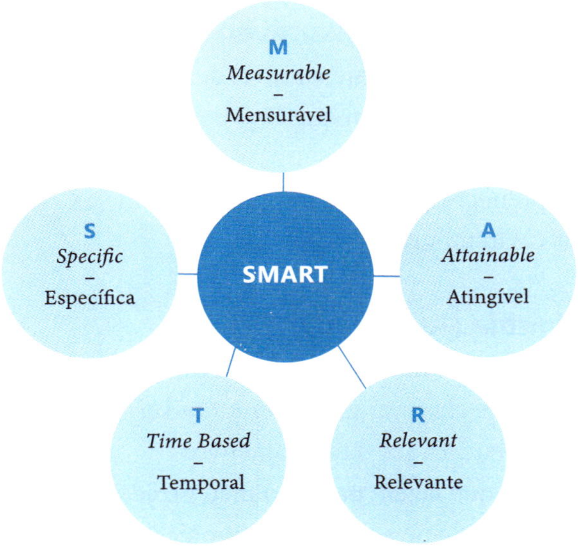

Fonte: adaptada de http://rockcontent.com/br/blog/metas-smart/

ESTRATÉGIA SMART – O QUE É?

A estratégia SMART é um recurso que você poderá usar para estabelecer metas inteligentes e efetivas para a realização do seu projeto, do seu sonho. Conforme essa metodologia, uma meta deve ser composta por cinco critérios essenciais:

S *Specific* (Específica)
Sua meta deve ser clara.
Para defini-la, responda questões como:
— O que desejo alcançar com essa meta?
— Eu serei o(a) único(a) responsável por ela?
— Como a meta será atingida?
— Por que é preciso realizá-la?

M *Mensurable* (Mensurável)
A meta precisa ser mensurável de algum modo.
Para tanto, pense em questões como:
— Que resultado espero?
— Qual o tempo necessário para atingir minha meta?
— Esses pontos são tangíveis?

A *Attainable* (Atingível)
Não adianta ter uma meta que não pode ser concretizada.
Para saber se ela é atingível, pergunte-se:
— É possível que eu alcance o meu objetivo?
— Eu e as pessoas que fazem parte do meu projeto (de vida) acreditamos que a meta pode ser alcançada?
— Como é possível atingir minha meta?

R *Relevant* **(Relevante)**
Avalie se a sua meta é importante para
a realização do seu sonho, do seu projeto.
Para isso, formule-se as seguintes questões:

— Essa é uma meta importante para que eu atinja o que almejo?
— Que resultados ela gerará?

T *Time Based* **(Temporal)**
Estabeleça um prazo para a realização da sua meta.
Você poderá prevê-la em dias, semanas ou meses.
Para isso, faça um cronograma, um planejamento considerando
as etapas, as ações e seus respectivos prazos de realização.

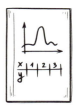

Perceba como a meta deve ser específica, mensurável, atingível, relevante e temporal (SMART). Mãos à (sua) obra!

> "Seja lá o que for, há muito poder e muita força em dar sequência a uma mudança patrocinada pela sua consciência. Se não tiver muita convicção, você não vai ter a força para correr atrás das suas metas quando o tempo se fechar. E a convicção vem da consciência."
>
> **Covey (2015, p. 454)**

COVEY, Stephen R. **Os 7 hábitos das pessoas altamente eficazes**. 52. ed. rev. e atual. Tradução: Alberto Cabral Fusaro *et al*. Rio de Janeiro: Best Seller, 2015.

AS SUAS METAS ESCOLHEM SEUS MENTORES

Você já pensou que suas metas escolhem seus mentores? Veja só que interessante: se sua meta é grande, impactante, nobre, ela vai atrair um tipo de mentor para lhe apoiar, orientar, porém, se sua meta é diferente disso, ela vai atrair outro tipo de mentor. Daí a importância de você ter a sua meta clara e detalhada para você, como lhe falei.

E como atrair mentores para as minhas metas nobres? Você pode estar indagando. Pois bem, primeiro que tais metas por si só atrairão grandes pessoas, atuando como mentores, que lhe darão apoio na realização delas. Segundo que você as mostrará para pessoas que você conhece e que têm sabedoria e lhe darão a instrução necessária para que você alcance suas metas com excelência. Daí a importância também de você colocá-las no papel, pois esse compartilhamento de ideias ficará mais palpável e claro para a pessoa que estará na função de mentor(a). Perceba, então, como tudo se interliga!

E o que é ser um mentor ou mentora? É ser a pessoa que orienta de forma a proporcionar à pessoa mentorada *insights*, experiências, orientações, questionamentos voltados para seu desenvolvimento pessoal e/ou profissional, visando o alcance das metas definidas para a realização de um projeto, de um sonho. Portanto, o mentor, a mentora, é alguém experiente e com conhecimento, valores e perspectivas que instrumentarão a condução da mentoria. Aliás, é importante que mentor(a) e mentorado(a) os compartilhem, ou seja, haja identificação nesse sentido. Além disso, um mentor, uma mentora motiva, inspira, encoraja o(a) mentorado(a) a percorrer o caminho necessário para atingir o que deseja, conhecer e pôr em prática o seu potencial e vivenciar as experiências que fazem parte desse percurso. Portanto, essa é uma parceria, que envolve cuidado, apoio, trocas, como mencionei anteriormente.

O ÍMPETO DE ALCANÇAR GERA A HABILIDADE DE MUDAR

Eu disse parceria, não é? Pois bem, para que ela realmente ocorra, é preciso que ambas as partes trabalhem juntas, tenham o mesmo intento e vontade para atingir os objetivos. Assim sendo, se temos o ímpeto, a vontade de alcançar algo, identificamos e otimizamos a nossa habilidade de nos mudarmos, o que demanda de nós atitudes e pensamentos positivos e bastante trabalho para o alcance de nossos objetivos.

Quando desejamos muito algo, é possível que tenhamos de desenvolver novas habilidades e que precisemos mudar algo em nós. Por exemplo, se desejamos uma melhor forma física, precisaremos mudar nossa alimentação, instituir a atividade física em nossos dias, cuidar da qualidade do sono. É esse desejo forte que promoverá o desenvolvimento da nossa habilidade em nos transformamos, de gerarmos mudanças necessárias em nós para a realização de determinado desejo.

Logo, esse ímpeto, o desejo de conquistar algo, é o catalisador para uma genuína mudança de comportamento. É possível que você esteja se questionando: ah, mas como virar a chave? Que barreiras próprias terei de vencer para conseguir mudar e concretizar o que desejo? Essas são perguntas pertinentes. Essa virada de chave não acontece simplesmente porque você entende que precisa mudar e ela não ocorre da noite para o dia, é um processo, que envolve identificarmos, revermos, abandonarmos ou reformularmos algumas das nossas atitudes; revermos hábitos e padrões; sabermos quais são as nossas crenças autolimitadoras; analisarmos a nossa forma de ser, agir e de pensar; identificarmos o que fazemos e pensamos para nos autossabotar e percebermos os contextos em que vivemos e as nossas influências.

Quando me refiro a influências, considero todas as possíveis: família, amigos, educação, ambiente, valores, princípios, comportamento, crenças, relacionamentos, pessoas etc. No que diz respeito a pessoas, é preciso estarmos atentos a quem deixamos fazer parte da nossa vida e em quem decidimos acreditar, pois esses são dois dos fatores que determinam o nosso futuro. Assim sendo, precisamos avaliar quem ouvimos e o que acreditamos do que nos é dito.

Eu sempre tive medo de acreditar em uma mentira, em algo que não é sólido e que, por sua vez, não me permitirá construir algo consistente. Portanto, o que posso lhe dizer, com base na prudência que sempre tive a esse respeito e nas minhas experiências pessoais e profissionais é que, quando você convive com pessoas verdadeiras, conscientes, espiritualizadas e apoiadas na verdade no que falam e em seus atos, você, por sua vez, também assim estará apoiado(a). Logo, acreditará em algo correto, fundamentado, verdadeiro para construir sua vida, seu futuro. Portanto, depreendemos que, nesse aspecto, o primeiro passo a darmos para a construção do nosso futuro é definirmos em quem acreditar.

NÃO DEDIQUE SEU TEMPO A UM CRÍTICO DESTRUTIVO

Quero aqui desdobrar essa questão do cuidado necessário quanto a quem ouvimos. Não só temos de estar atentos a mentiras que ouvimos, quanto a críticas infundadas e com objetivo destrutivo, pejorativo e desencorajador. E o que eu posso lhe aconselhar sobre isso, meu amigo, minha amiga, é que você nunca dê mais tempo ao crítico do que você daria a um amigo. O mundo está cheio de críticos com esse perfil. Certa vez, um amigo estava respondendo uma mensagem gigante, que uma pessoa postou em seu Instagram, que consistia em uma crítica precipitada, vazia quanto ao teor da postagem e agressiva a ele. Então, observando-o, eu lhe falei: olha, você já parou para pensar no tempo e energia que você está perdendo com isso? Com quantas pessoas queridas e especiais na sua vida você não fala faz muito tempo? E ele falou que esse era um ponto de vista interessante.

Assim precisamos pensar, pois não podemos perder nosso valioso tempo de vida revidando ações como essa. Invista sim seu tempo com pessoas que lhe querem bem, com as quais você consegue construir e manter relações excelentes, ricas, verdadeiras. Aqueles que não querem o seu bem, deixe de lado.

Há uma fábula sobre uma competição que reunia um grupo de pequeninos sapos cujo objetivo consistia em chegar ao topo de uma torre altíssima. Uma multidão se junta em torno da torre para acompanhar a competição e torcer. Pois bem, a subida se inicia e, apesar da multidão que a acompanha, ninguém ali acredita que algum sapinho possa escalar tamanha torre. Muitos bradam ser difícil demais, que nenhum deles jamais chegaria ao topo. Conforme a competição se desenrola, um a um dos sapos competidores cai e poucos persistem. Os torcedores continuam gritando que ninguém conseguiria, que seria algo muito difícil. Alguns sapinhos cansam e desistem, mas um

> permanece na competição, sobe sem desistir até alcançar o topo da torre. E, claro, todos querem saber como ele conseguiu. Um dos sapos pergunta ao sapinho campeão como ele conseguiu se manter forte e persistente na busca do objetivo. Então, o campeão não responde nada, pois é surdo.

Você percebe a moral dessa fábula? Não dê ouvidos jamais a pessoas negativas, pessimistas e às críticas destrutivas, pois elas vão lhe tirar do seu caminho, "apagar" os seus sonhos, enfraquecer a sua confiança em você mesmo. Então, seja sempre seletivo ao que ouve, às pessoas que se aproximam de você e não permita se afetar com palavras infundadas, mesquinhas e desencorajadoras.

Há um poema de Mario Quintana que, desde que o li, tem me acompanhado e o compartilho com você, pois ele ilustra muito bem o foco do nosso diálogo neste momento.

Poeminho do contra

Todos esses que aí estão
Atravessando o meu caminho,
Eles passarão...
Eu passarinho![7]

Como passarinho que você é, meu amigo, minha amiga, deixe que os desencorajadores, os mentirosos, os negativos, os que fazem mal com suas críticas negativas infundadas passem – continue sua rota de voo alto.

---

[7] QUINTANA, Mario. **Poesia completa.** Rio de Janeiro: Nova Aguilar, 2005. p. 257.

VOCÊ E SUA INTELIGÊNCIA EMOCIONAL

Para não nos desviarmos da nossa rota de voo alto, precisamos de mais um elemento: da nossa inteligência emocional. Antes de prosseguirmos, desejo expor, de forma breve e objetiva, a sua conceituação, criada pelos psicólogos Peter Salovey e John D. Mayer, como sendo a capacidade de um indivíduo raciocinar com base em informações emocionais, de modo a melhor se adaptar a situações que ocorrem em sua vida. Daniel Goleman, também psicólogo, definiu-a como a capacidade de identificarmos nossos próprios sentimentos e os dos outros, de nos motivarmos e de gerirmos nossas emoções em nosso interior e em nossos relacionamentos.

Ao observarmos esses conceitos, deduzimos que inteligência emocional está ligada a qualidade de vida. Vivemos em um mundo em que tudo acontece e muda de forma muito complexa e com muitas movimentações e, mais do que em qualquer outro momento, temos de identificar, gerir e proteger nossas emoções. Para tanto, vou lhe deixar cinco orientações:

➤ saiba controlar suas emoções, não seja tão vulnerável a oscilações externas, mantenha controle do seu mundo interno – o *locus* de controle precisa ser interno;

➤ tenha discernimento diante das diferentes situações e as conduza com calma, pois não há mal que sempre dure nem bem que não se acabe;

➤ saiba se posicionar, ou seja, sempre se posicione de maneira justa, correta e coerente;

➤ tenha consistência no poder e na ação, então, busque manter as oscilações sob controle;

➤ saiba separar sua vida profissional da pessoal, não as misture.

Eu falei em *locus* de controle interno, não é? Isso me fez lembrar de uma história contada por Daniel Goleman, em *Inteligência emocional: a teoria revolucionária que redefine o que é ser inteligente.*

> Um guerreiro samurai, conta uma velha história japonesa, certa vez desafiou um mestre Zen a explicar os conceitos de céu e inferno. Mas o monge respondeu-lhe com desprezo: — Não passas de um bruto... não vou desperdiçar meu tempo com gente da tua laia! Atacado na própria honra, o samurai teve um acesso de fúria e, sacando a espada da bainha, berrou: — Eu poderia te matar por tua impertinência. — Isso — respondeu calmamente o monge — é o inferno. Espantado por reconhecer como verdadeiro o que o mestre dizia acerca da cólera que o dominara, o samurai acalmou-se, embainhou a espada e fez uma mesura, agradecendo ao monge a revelação. — E isso — disse o monge — é o céu. A súbita consciência do samurai sobre seu estado de agitação ilustra a crucial diferença entre alguém ser possuído por um sentimento e tomar consciência de que está sendo arrebatado por ele[8].

Nessa breve história, podemos observar o que é o *locus* de controle interno, como as emoções e os sentimentos reverberam em nós e em nossas ações e reações. Esse é, portanto, um dos caminhos – e muito rico – para o autoconhecimento. Em seu livro, Goleman recupera a recomendação de Sócrates e faço o mesmo aqui pela sua pertinência: "conhece-te a ti mesmo". O autor a qualifica como a "pedra de toque da inteligência

---

[8] GOLEMAN, Daniel. **Inteligência emocional:** a teoria revolucionária que redefine o que é ser inteligente. [recurso digital] Tradução: Marcos Santarrita. Rio de Janeiro: Objetiva, 2011. p. 77.

emocional", que contempla a consciência dos nossos sentimentos no exato momento em que emergem. Assim eu também a compreendo.

Então, que assim como o samurai, você possa ter consciência do seu estado emocional e, assim, não ser tomado pelos seus sentimentos, mas, sim, ser consciente do seu arrebatamento para saber geri-lo em você, não importa a esfera da sua vida, seja ela pessoal ou profissional.

VOCÊ E RELAÇÕES HUMANIZADAS

Não há como falarmos de inteligência emocional e não pensarmos que ela promove relações mais saudáveis em toda e qualquer esfera da nossa vida. Portanto, seja humano sempre em suas relações. E o que isso significa? Imagino você se perguntando.

Bem, significa compreender as pessoas e suas motivações, administrar, fazer projetos em que as pessoas possam crescer juntas. Crescimento mútuo que pode ser no contexto profissional, com a empresa (por exemplo, se esse for o projeto do qual fazem parte) e/ou no contexto pessoal, como procurar entender o que está acontecendo no dia a dia das pessoas e buscar ajudá-las a vencer seus desafios de vida e tantas outras ações que levem à humanização das mais diversas relações.

Quero esclarecer um detalhe, aqui, ao dizer que é preciso ajudar as pessoas a vencer seus desafios de vida: não estou me referindo a você envolver-se na vida pessoal das pessoas, mas, sim, mostrar que há uma compreensão, um entendimento e, sobretudo, mostrar às pessoas que a presença delas é importante para você, para o grupo do qual elas fazem parte, para um projeto. Enfim, é procurar enxergar muito mais que o trabalho desenvolvido pelas pessoas, ou seja, é ter uma visão holística das pessoas. Isso é ser humano.

Pois bem, se considerarmos tudo isso e a importância da inteligência emocional nos vínculos que estabelecemos em nossos papeis sociais e, entre eles, no papel de líder das pessoas envolvidas em um projeto que conduzimos, faz-se necessário observar os cinco pilares nos quais se ancora um líder: conhecer suas emoções, saber como controlá-las, desenvolver empatia, ter automotivação e saber estabelecer boas relações. Acrescento ainda, com base em minha experiência que, além de conhecer suas emoções, é preciso perceber, ler, conhecer as emoções das pessoas. É essa parceria, sintonia, compartilhamento que levam ao estabelecimento de relações humanizadas, seja na vida pessoal, seja na profissional.

Ao pensarmos no contexto profissional, são essas relações que contribuem com a formação de times, equipes protagonistas e com a obtenção de resultados valorosos. Assim também ocorre nas relações que mantemos no âmbito pessoal, em que todos se irmanam em busca de algo comum, do bem comum, do desenvolvimento, do crescimento e das realizações almejadas pelo grupo e pelas pessoas que dele fazem parte.

A ATMOSFERA QUE VOCÊ CRIA DETERMINA O QUE VOCÊ PRODUZ

Além de contemplarmos a qualidade das nossas relações, é necessário dirigirmos o nosso olhar para a atmosfera, a ambiência que estamos criando, pois ela determina o que produzimos. Em sua etimologia latina, ambiente (*ambiens*) significa o conjunto de condições físicas, biológicas, socioculturais e morais que rodeiam os seres vivos e as coisas. Tais condições podem ser positivas ou negativas. Portanto, a forma como o ambiente é composto – quais e como são as suas circunstâncias – e sua qualidade influenciam o que nele é produzido.

Logo, é de suma importância estarmos atentos ao nosso entorno e sempre nos empenharmos em criá-lo e preservá-lo o melhor possível. Isso porque, ao criarmos uma boa atmosfera, geramos um lugar de desenvolvimento, de crescimento mútuo. Pois bem, e o que eu quero dizer com "boa" atmosfera? Ora, eu me refiro a um ambiente agradável, saudável, harmônico, seguro e produtivo.

É provável que você esteja pensando apenas no ambiente corporativo, mas não, essa regra vale para o ambiente pessoal, como o familiar, entende? Não importa o contexto do ambiente (pessoal ou profissional), mas, sim, a qualidade dele, pois quanto melhor ele for, melhor as pessoas se sentirão para atuar e interagir entre elas em prol do que lhes é comum (um projeto, o trabalho desenvolvido diariamente, o cotidiano, os valores, os modos de ser, as perspectivas, o relacionamento familiar, o respeito e a consideração mútuos etc.).

E o que posso dizer especificamente sobre o ambiente de trabalho? Prevejo, aqui, que você possa estar com essa questão em sua cabeça. Bem, se ele tiver uma atmosfera positiva, as pessoas se sentirão movidas a colocar suas ideias, realizar compartilhamentos, interagir, aprender, envolver-se efetivamente umas com as outras e no que estão realizando. Portanto, é a atmosfera que determina os projetos a serem desenvolvidos e até que ponto será possível chegar com eles.

Assim sendo, desejo que você tenha sempre um ambiente extraordinário em sua vida, para que você possa construir o melhor com as outras pessoas, como nas belas imagens do poema *Tecendo a manhã*, de João Cabral de Melo Neto.

> Um galo sozinho não tece uma manhã:
> ele precisará sempre de outros galos.
> De um que apanhe esse grito que ele
> e o lance a outro; de um outro galo
> que apanhe o grito que um galo antes
> e o lance a outro; e de outros galos
> que com muitos outros galos se cruzem
> os fios de sol de seus gritos de galo,
> para que a manhã, desde uma teia tênue,
> se vá tecendo, entre todos os galos.

SEJA UM(A) SEMEADOR(A) DE COISAS BOAS

Entre os vários aspectos, elementos que entram na composição de uma atmosfera positiva, há a postura, a atitude de sermos semeadores de coisas boas. Isso porque as pessoas precisam de apoio, de reforço positivo, mesmo as que são muito habilidosas em alguns campos da vida (pessoal e profissional). Sentir-se apoiado é estimulante e reconfortante para quem recebe o reforço positivo. Para quem apoia, há a alegria de saber o quanto seu apoio fez bem a alguém e de sentir que é mais importante dar que receber.

Assim sendo, seja você uma pessoa doadora, semeadora de boas sementes. Você já parou para pensar se você é essa pessoa e o que é sê-la? É ser alguém que, todos os dias e por onde passa semeia coisas boas: boas palavras, boas energias, boas atitudes, bons pensamentos, boas ideias... Já parou para pensar também que, ao semear coisas boas, você colhe muito mais do que plantou?! Isso porque essas sementes germinam, crescem e se multiplicam. Então acredite, meu amigo, minha amiga, no que eu estou lhe dizendo!

Ao dialogar com você sobre isso, veio-me à memória uma frase do poeta inglês John Donne, que expressa o seguinte: "Nenhum homem é uma ilha, completo em si próprio; cada ser humano é uma parte do continente, uma parte de um todo". Se já tínhamos consciência disso em nossas vidas, em tempos da pandemia de Covid-19 (confirmada em janeiro de 2020), esse entendimento tem se mostrado muito claramente para cada um de nós. Assim sendo, ao contemplarmos a semeadura de coisas boas, não há como não a relacionarmos com o que nos disse Donne e o que a realidade, em especial a atual, evidencia a cada um de nós.

Dessa forma, perceba que há muito mais alegria ao abençoar alguém, dando-lhe uma oportunidade, um apoio, uma orientação, uma palavra, um presente, possibilidades, esclarecimentos, compartilhando conhecimentos e experiências, entre tantas outras coisas boas que você pode ofertar, doar. E, ao abençoar, ajudar alguém, não o faça esperando algo em troca, pois quem vai lhe retribuir por isso é o Senhor, a retribuição vem Dele, do seu próprio coração feliz por sua ação, do seu sentimento de realização de algo bom, da vida que ressoa o bem que você faz.

Perceba também que assim se estabelece a sinergia, que consiste na ideia de que a soma é maior que as partes. Ou como a explica Covey, para quem sinergia significa que a "relação estabelecida entre as partes é, em si e por si, também uma parte. Não apenas é uma parte, e sim a parte mais catalítica, mais poderosa, mais unificadora e mais excitante"[9]. Portanto,

---

[9] COVEY, Stephen R. **Os 7 hábitos das pessoas altamente eficazes**. 52. ed. rev. e atual. Tradução: Alberto Cabral Fusaro *et al*. Rio de Janeiro: Best Seller, 2015. p. 340.

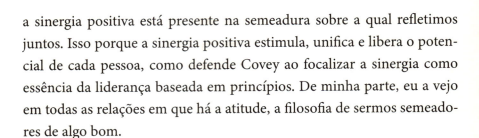

a sinergia positiva está presente na semeadura sobre a qual refletimos juntos. Isso porque a sinergia positiva estimula, unifica e libera o potencial de cada pessoa, como defende Covey ao focalizar a sinergia como essência da liderança baseada em princípios. De minha parte, eu a vejo em todas as relações em que há a atitude, a filosofia de sermos semeadores de algo bom.

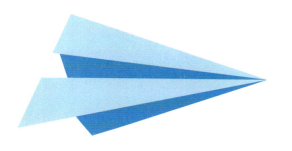

Assim sendo, que prossigamos em nossa semeadura de coisas boas, guiados pela sinergia positiva, pela expressão da nossa verdade, por atitudes, palavras e ideias que apoiam cada ser humano que compõe o nosso continente, o todo da vida, posto que ser humano algum é uma ilha. Que formemos arquipélagos repletos de coisas boas em nossa aldeia, pois dela "vejo quanto da terra se pode ver do Universo", como nos disse o poeta.

@JOSEPAULOGIT

NESTE MOMENTO, OLHE PARA VOCÊ
E PARA O GRANDE PROJETO QUE É A SUA VIDA!

Meu amigo, minha amiga, quantas vezes você se deu o direito de parar a dinâmica do seu dia a dia para olhar para você e se reconhecer como o grandioso projeto de vida que é?

Separe um momento para fazer esse exercício.
Para isso, criei este breve roteiro para guiá-lo(a).

Então, respire e aproveite este instante de encontro com uma pessoa especial: você!

**Abraço,
José Paulo**

Eu: _____
Coloque o seu nome. Olhe para você!

Eu sou o maior projeto da minha vida porque:

Estas são algumas das minhas ações que fizeram
a diferença na minha vida e na de pessoas que conheço:

Eu concordo ou não com a reflexão de Platão de que, ao buscarmos mover
o mundo, o primeiro passo deve ser o de movermos a nós, porque:

Fazemos parte de um projeto maior e a vida é um mutirão de todos.
Eu identifico isso na realidade ou não?
Se sim, em que tipo de ações e situações eu já vivenciei isso?

Eu já desisti de um projeto e de um sonho por avaliar que "passei da idade" para realizá-lo. Hoje, eu vejo essa questão como uma crença autolimitadora ou como algo real?

Eu não levo em conta a questão da idade para me engajar em um projeto e na busca do meu sonho, pois considero que:

Eu já saí da minha zona de conforto para realizar algo que considerava inatingível. A situação que fez eu tentar algo novo foi:

Como me senti após essa experiência:

Eu sei qual é o meu potencial e acredito nele. Posso descrevê-lo um pouco:

Eu sei qual é o meu potencial, mas preciso melhorar minha autoconfiança, pois eu:

Eu costumo colocar minhas ideias no papel e executá-las. Eu planejo a realização da minha missão e dos meus sonhos porque:

Eu não costumo colocar minhas ideias no papel e executá-las. Não planejo a realização da minha missão e dos meus sonhos porque:

Eu compreendo da seguinte forma a afirmação
de que a vida é uma missão e não uma carreira:

"Saiba aonde chegar, trace suas metas".
Em meu dia a dia, eu consigo realizar essa orientação deste modo:

Como eu compreendo esse contexto presente em *Alice no país das maravilhas*: Alice pede ajuda ao Gato para tomar um caminho. Ele lhe diz que este depende para onde ela quer ir. Alice lhe responde que o destino não importa. O Gato lhe responde que, então, também não importa que caminho ela vai tomar.

Como eu interpreto a seguinte afirmação: "Ao sonhar, detalhar a sua meta para a realização do sonho e alinhá-la com a sua fé, não tenho dúvidas de que você movimentará, sacolejará o seu mundo, que vibrará no mundo das pessoas que o cercam".

Os mentores das minhas metas são (você pode nominá-los e/ou identificar características dessas pessoas):

Assim eu interpreto a afirmação de que "o ímpeto de alcançar gera a habilidade de mudar". E eu a realizo ou não em minha vida, porque:

Por desejar muito algo, percebi que eu precisava desenvolver novas habilidades e mudar algo em mim e encarei meu processo de mudanças, porque:

Por desejar muito algo, percebi que eu precisava desenvolver novas habilidades e mudar algo em mim e renunciei meu processo de mudanças, porque:

Eu lido com críticas destrutivas e sem qualquer fundamentação plausível da seguinte forma:

**Eu sei a importância da inteligência emocional e que há
a necessidade de identificar, gerir e proteger minhas emoções.**

Das cinco orientações dadas no capítulo, eu pratico:

1. saiba controlar suas emoções, não seja tão
vulnerável a oscilações externas.

2. mantenha o controle do seu mundo interno,
o *locus* de controle precisa ser interno.

3. tenha discernimento diante das diferentes situações e as conduza
com calma, pois não há mal que sempre dure nem bem que não se acabe.

4. saiba se posicionar, ou seja, sempre se
posicione de maneira justa, correta e coerente.

5. tenha consistência no poder e na ação,
então, busque manter as oscilações sob controle.

Em seu livro *Inteligência emocional: a teoria revolucionária que redefine o que é ser inteligente*, Daniel Goleman conta esta história:

"Um guerreiro samurai, conta uma velha história japonesa, certa vez desafiou um mestre Zen a explicar os conceitos de céu e inferno. Mas o monge respondeu-lhe com desprezo: — Não passas de um bruto... não vou desperdiçar meu tempo com gente da tua laia! Atacado na própria honra, o samurai teve um acesso de fúria e, sacando a espada da bainha, berrou: — Eu poderia te matar por tua impertinência. — Isso — respondeu calmamente o monge — é o inferno. Espantado por reconhecer como verdadeiro o que o mestre dizia acerca da cólera que o dominara, o samurai acalmou-se, embainhou a espada e fez uma mesura, agradecendo ao monge a revelação. — E isso — disse o monge — é o céu. A súbita consciência do samurai sobre seu estado de agitação ilustra a crucial diferença entre alguém ser possuído por um sentimento e tomar consciência de que está sendo arrebatado por ele".

Eu já vivenciei uma situação desafiadora do meu *locus* de controle interno e lidei desta maneira:

Para que eu vivencie relações humanizadas (na vida pessoal
e profissional), vínculos e papéis sadios, é preciso que eu conheça
e faça a leitura das minhas emoções e as das pessoas com quem interajo,
saiba como controlar as emoções que sinto, desenvolva a empatia,
tenha automotivação e saiba estabelecer boas relações.
Como eu desenvolvo essas ações em minhas relações?

Eu prezo pela atmosfera (ambiência) que crio nos diversos contextos
e nas várias relações em que me envolvo, pois ela determina o que produzo.
Para isso, eu atuo de forma a:

TENHA SEDE
DE ALCANÇAR

Meu melhor livro de leitura
O que vale na vida não é o ponto de partida e sim a caminhada.
Caminhando e semeando, no fim, terás o que colher[1].

Cora Coralina

COMO GERAR MUDANÇAS

Acredito que você possa estar pensando aí com seus botões: o que é ter sede de alcançar algo? Basta querer? Como e por que gerar mudanças?

Para poder iniciar a nossa reflexão juntos, a qual nos levará a respostas para esses questionamentos, retomo Cora, que nos diz que o que vale na vida é a caminhada, e que caminhando ao fazer a nossa semeadura é que teremos o que colher. Assim, ter sede de alcançar um sonho, um propósito, tem a ver com esse percurso, pois é nele que precisamos cevar, estimular essa sede, visto que é ela que nos impulsiona a dar cada passo.

Além disso, vejo algo mais e igualmente importante nos versos da sábia Cora: ela nos convida, nos provoca a refletir sobre a necessidade e a riqueza de percebermos, vivenciarmos, sentirmos cada pedra, flor,

---

[1] CORALINA, Cora. **Vintém de cobre:** meias confissões de Aninha. São Paulo: Global, 1997. p. 45-46.

curva, encruzilhada, reta, bifurcação, sentimento, sensação, pessoa, história, dia, noite, crepúsculo, alvorada e os infinitos detalhes que povoam o caminho que trilhamos ou que ainda será trilhado.

É caminhando dessa forma que nutrimos a nossa motivação (em sua etimologia latina *"motivus"*, *"movere"*: movimento, mover, algo móvel) para as realizações que sonhamos concretizar. Essa sede, a motivação, é o ímpeto que nos leva a agir da forma necessária e desejada para atingirmos nossos objetivos, nossos planos e projetos.

E o que compreende a motivação? – é possível que você esteja se perguntando. Ela abrange os vários aspectos do indivíduo: biológicos, emocionais e sociais. Daí serem considerados essenciais para o início o direcionamento e a constância de comportamentos e de atitudes que levem ao cumprimento de metas, de estratégias e do planejamento que desejamos atingir. Perceba então, meu amigo, minha amiga, que a motivação é um conjunto de processos internos de uma pessoa, e é a motivação que a prepara e estimula a realizar o que está envolvido no que ela almeja.

É preciso entender também que tais processos são estimulados pela própria pessoa e por fatores externos, como ambiente, amigos, família, colegas de trabalho, cenário etc. Portanto, é importante que o indivíduo tenha claro o motivo pelo qual está trilhando sua busca, sua realização, pois isso é que o fará agir, interagir e prosseguir com foco, persistência, emoção, dedicação e determinação. Desse modo, ocorre também a descoberta, o desenvolvimento e a ampliação do potencial do indivíduo.

Então, note que a busca de novos horizontes, de novas conquistas, está sempre relacionada ao movimento motivado, ou seja, a motivação para buscarmos o motivo, o anseio do nosso caminhar (um projeto, uma ação, uma relação, um empreendimento etc.).

Agora eu lhe pergunto: basta termos motivação para buscarmos o que desejamos? Você já pensou nisso? E eu lhe respondo que não. Isso porque essa busca também envolve mudanças. Você já deve ter ouvido ou lido uma frase que nos diz que, se desejamos algo diferente, precisamos fazer coisas diferentes; eu acrescento a ela que precisamos ser diferentes também, no sentido de promovermos mudanças internas que nos levem à nossa melhor versão, à descoberta e à otimização do nosso potencial.

Assim sendo, a vontade que você tem de alcançar algo gera a habilidade de você promover mudanças em si mesmo, em si mesma. Lembra-se do motivo e da motivação? Tendo-os em seu interior, você consegue desenvolver habilidades para mudar a si mesmo. Não importa se o seu motivo é de ordem pessoal ou profissional, se o alcance deste exige de você uma pequena ou grande mudança, se você precisa aprender coisas simples, medianas ou complexas, se muitas ou poucas ações têm de ser revistas e reconduzidas. Isso porque o que é realmente relevante é a sua percepção da necessidade de mudança, em que e como realizá-la em você. Então, use seu sonho e a sua sede de alcançá-lo como elementos catalisadores da mudança de comportamento, perspectivas, posicionamentos, ações e sentimentos.

Nesse momento, lembro-me da orientação dada pelo escritor e psiquiatra Augusto Cury a um de seus pacientes, relatada em *Nunca desista dos seus sonhos*: é preciso "irrigar sua vida com sonhos, dar um sentido para sua existência. Existência clama por significado.[2]" A representatividade dos sonhos em nossa vida é patente na visão de Cury, com a qual comungo tanto pelo que acredito quanto por minhas vivências.

---

[2] CURY, Augusto. **Nunca desista dos seus sonhos**. Rio de Janeiro: Sextante, 2004. p. 71.

Também trago, aqui outro aspecto que considero relevante e que vai ao encontro do que Covey expõe ao falar sobre hábitos eficazes e necessidade de mudanças. Pois bem, a ocorrência da mudança necessária para a concretização do sonho se apoia na motivação provocada pela nobreza do sonho. Por sua vez, a motivação deve ser "acrescida da disposição para subordinar o que você pensa que quer no momento ao que realmente quer para o futuro. Este processo (...) produz felicidade, 'o objetivo e a função de nossa existência'"[3]. Contudo, será que bastam a motivação, a disposição e a implementação de mudanças para o alcance do sonho? Será que nada estará em rota de colisão nesse caminho? E se houver colisão, a crise pode ser a curva de uma mudança?

Antes de dialogarmos sobre essas questões, quero trazer para a nossa reflexão o que está em *II Coríntios 4:8-9*: "Em tudo somos atribulados, mas não angustiados; perplexos, mas não desesperados; perseguidos, mas não desamparados; abatidos, mas não destruídos"[4], isso porque a minha intenção é a de que você relembre dois aspectos bastante importantes sobre os quais temos refletido constantemente: a fé e a espiritualidade. Ora, se as temos em nós de forma viva e consciente, não nos deixaremos desmoronar diante de atribulações em nosso caminho.

O fato é que não devemos interpretar uma situação de crise como o veredito de nossa destruição, mas sim como um desafio que nos serve de indício para a mudança e para sublinhar algo que é real em nossa vida: o fato de estarmos sempre amparados por Deus, pela espirituali-

---

[3] COVEY, Stephen R. **Os 7 hábitos das pessoas altamente eficazes**. 52. ed. rev. e atual. Tradução: Alberto Cabral Fusaro *et al.* Rio de Janeiro: Best Seller, 2015. p. 81.
[4] BIBLIA. Português. **Bíblia sagrada**. Tradução: Ferreira de Almeida. [S.l.]: LCC Publicações eletrônicas. II Coríntios 4:8-9. Disponível em: http://www.ebooksbrasil.org/adobeebook/biblia.pdf. Acesso em: 17 dez. 2021.

dade, pela fé. Portanto, a crise, na realidade, é a curva de uma mudança. Aliás, isso ficou mais patente para nós a partir de março de 2020, em que foi decretada a pandemia da Covid-19, pois o novo coronavírus afetou todos os âmbitos da sociedade e o indivíduo em seu modo de ser e estar no mundo, com as outras pessoas e com si próprio. Ou seja, essa situação de crise, desde o seu início, impactou a vida de cada um de nós e, com isso, trouxe-nos maior consciência e percepção da necessidade de mudanças. Quem de nós não identificou tal necessidade batendo à nossa porta? Se, antes da pandemia da Covid-19, essas batidas eram sentidas por nós como sutis, durante ela nós as sentimos mais robustas, vigorosas.

Além disso, estamos tendo a oportunidade de compreender melhor algo que é inerente à nossa vida: a mudança interior, a mudança de ciclos. Quanto ao fato de uma crise provocar mudança de ciclos, basta observarmos a história do mundo e, claro, a nossa história de vida, pois é assim comigo, com você, com todos nós. E eu lhe digo que o importante é impedirmos que as crises (sejam elas quais forem) nos parem, nos paralisem, e as revertermos em autoconhecimento, aprendizados vários, reflexões, transformações. Afinal, não há mal que sempre dure nem bem que não se acabe, não é?!

Então, meu amigo, minha amiga, livre-se de suas crenças limitantes (lembra-se que já falamos delas aqui?!), faça diferente para obter resultados diferentes, entenda o seu medo, nutra a sua coragem para buscar o novo e realizar o seu sonho, acredite em seu potencial, vá em busca do que você tem sede, aprenda com a falha, aceite sua vulnerabilidade e a reverta a seu favor, esteja na companhia de pessoas que o(a) motivem e inspirem e faça o mesmo, não se esqueça da sua fé e da sua espiritualidade, seja uma pessoa verdadeira e planeje a sua caminhada rumo à mudança de dentro para fora. E eu lhe peço que se lembre que "nada é permanente, exceto a mudança", como disse Heráclito de Éfeso.

Para refletirmos sobre a mudança interior como propulsora da transformação da vida por fora, quero compartilhar com você o que o filósofo e psicólogo Dr. William James, de Harvard, formulou em 1905: "A maior revolução da minha geração é a descoberta de que os indivíduos, ao mudarem sua atitude mental, podem mudar os aspectos externos de suas vidas." Daí a importância de nos propormos e assumirmos uma atitude positiva, proativa, elevada, responsável, vibrante em nossa mente.

Assim sendo, também nesse aspecto, é preciso ultrapassarmos nossas limitações (físicas, comportamentais ou emocionais) para realizarmos nossos sonhos, gerarmos as mudanças necessárias e almejadas em nós e, consequentemente, em aspectos externos da nossa vida. Por exemplo, você sonha em palestrar sobre seu assunto favorito porque acredita que poderá ajudar pessoas, mas tem pânico de falar em público. Nesse caso, o primeiro passo para você transpor essa limitação é procurar ajuda para superá-la e, então, desenvolver suas habilidades para falar em público de forma leve e saudável para você (sem sofrer os efeitos do pânico) e efetiva aos seus interlocutores.

Perceba, então, que não há limites para você sonhar, idealizar, se desenvolver, se superar, suplantar barreiras internas e ser você com todo seu potencial, sua criatividade, sua espontaneidade e seu autoconhecimento. Eu e você sabemos que o potencial humano é imensurável e cada um nós o temos, basta que o desenvolvamos. Lembre-se disso quando achar que não é capaz de se transformar e, assim, mudar sua vida.

Compartilhar essas reflexões com você me fez lembrar do maravilhoso poema *Mude*, de Edson Marques, do qual reproduzo alguns versos.

Mude
Mas comece devagar,
porque a direção é mais importante
que a velocidade.

Sente-se em outra cadeira,
no outro lado da mesa.
Mais tarde, mude de mesa.
Quando sair,
procure andar pelo outro lado da rua.
Depois, mude de caminho,
ande por outras ruas,
calmamente,
observando com atenção
os lugares por onde
você passa.
(...)
Não faça do hábito um estilo de vida.
(...)
Mude.
Lembre-se de que a Vida é uma só.
(...)
Seja criativo.
E aproveite para fazer uma viagem despretensiosa,
longa, se possível sem destino.
Experimente coisas novas.
Troque novamente.
Mude, de novo.

Experimente outra vez.
Você certamente conhecerá coisas melhores
e coisas piores,
mas não é isso o que importa.
O mais importante é a mudança,
o movimento,
o dinamismo,
a energia.
Só o que está morto não muda![5]

Portanto, disponha-se verdadeiramente a empreender sua mudança interior, pois tudo se origina em você para que possa ir para o mundo, ou seja, para que, então, possa ser externalizado em sua vida em suas várias instâncias, vínculos e papéis sociais em que você atua. Assim sendo, se você almeja a transformação exterior, promova-a, abra-se para a sua mudança interior, pois é ela que vem primeiro e possibilita a outra.

É provável que você esteja se perguntando: ok, mas como iniciar esse processo de mudança interior? O aprendizado, como sabemos, é um aspecto desse caminho. Por isso é que considero válido ressaltar que, para o conhecimento ser construído de forma ampla, profunda, rica e renovada, é necessário que percebamos a importância de estarmos abertos ao novo. Ou seja, estarmos abertos a novas perspectivas, releituras e novas descobertas sobre conhecimentos que nos parecem tácitos, aprendidos.

Em certa ocasião da minha vida, tive a grata oportunidade de ouvir algo relacionado ao aprender e ensinar e que me fez refletir bastante e observar minha vida profissional: como é difícil ensinar algo novo à pes-

---

[5] MARQUES, Edson. **Mude.** São Paulo: Panda books, 2005.

soa que já o sabe pelo jeito antigo. Há indivíduos que apresentam forte resistência em agregar uma nova forma, um novo olhar sobre determinado aprendizado que consideram já absorvido totalmente e que, por assim entenderem, não abrem mão de compreendê-lo do jeito antigo.

Pois bem, o que ouvi veio de uma conversa que tive, em 1995, com uma contadora, a senhora Cida, que me disse o seguinte: "José Paulo, é muito mais fácil pegar uma folha em branco e escrever nela a lápis do que pegar uma folha totalmente preenchida a lápis, ter de apagar o que nela foi escrito e escrever em cima." Sabe o que ela quis dizer com essa metáfora? Que é muito bom interagirmos, contratarmos, trabalharmos com pessoas que estejam abertas a aprender e que, portanto, nos permitam uma escrita a quatro mãos dos nossos sonhos, da nossa missão, dos nossos valores, para que possamos trabalhar em conjunto, em uma verdadeira parceria.

Veja, isso não tem nada a ver com idade, mas há pessoas que têm a sua folha preenchida com a diversidade de aprendizados de suas vidas e, ao ingressarem em um grupo de pessoas ou trabalharem em uma empresa, querem aplicar os paradigmas, os conceitos da sua folha preenchida e que, muitas vezes, não vão ao encontro do grupo, da empresa, de seus processos, métodos, missão, cultura e sonho. Além disso, há pessoas que têm a postura de não aceitação do novo, de não agregar novos aprendizados aos que estão em sua folha escrita.

Penso que, para essas pessoas, seria muito válido se lembrarem de que:

"Se o sábio lhes der ouvidos, aumentará seu conhecimento, e quem tem discernimento obterá orientação"
Provérbios 1:5

Portanto, esteja sempre aberto(a) a ser uma folha em branco para ser escrita no local onde você está e com as pessoas com as quais você está interagindo. E que esse local seja digno, sério e que transmita valores sólidos para o mundo.

Assim sendo, ao mudarmos as nossas lentes provenientes de novos aprendizados, podemos ver de modo diferente o mundo e tudo que nele há e nos vários contextos da nossa vida. Para tanto, é preciso termos a consciência, a humildade e a sabedoria de nos reconhecermos como eternos aprendizes e como quem ensina com generosidade e transparência e que, assim, também aprende, pois é dessa forma que se institui a sinergia do ensinar-aprender, de modo a "deixar de lado os antigos roteiros e escrever um novo"[6] em parceria.

Refletir sobre isso também me fez lembrar de mais um fragmento do belíssimo da Bíblia Sagrada, escrito em Provérbios 18:15: "O coração do que tem discernimento adquire conhecimento; os ouvidos dos sábios saem à sua procura". Como podemos perceber, são múltiplas as vozes que evocam a importância de estarmos abertos ao aprendizado contínuo, à necessidade de nos permitirmos novas escritas nas páginas da nossa vida e, logo, de sermos e estarmos no mundo e com as pessoas.

PESSOAS DE VISÃO

O contínuo aprendizado aprimora a visão da realidade e pessoas que têm visão alcançam os melhores resultados, pois nada melhor que uma

---

[6] COVEY, Stephen R. **Os 7 hábitos das pessoas altamente eficazes.** 52. ed. rev. e atual. Tradução: Alberto Cabral Fusaro *et al*. Rio de Janeiro: Best Seller, 2015. p. 343.

excelente visão colocada em prática. Note que a visão a que me refiro aqui diz respeito à capacidade de vermos a nossa vida — projetos, sonhos, propósito, valores, cenário etc. — de forma clara, delineada e objetiva, assim como de vermos o modo pelo qual alcançaremos o que nela (em nossa visão) está projetado.

Quer um exemplo? Um incorporador imobiliário é alguém que visualiza o empreendimento construído e o faz em detalhes, como definir os andares do prédio a ser construído, a quantidade de apartamentos, a metragem, a região etc. Pois bem, ele idealiza para, então, contratar as empresas que executarão seu projeto (engenharia, arquitetura, empreiteira, banco em que será feito o financiamento do empreendimento). Assim sendo, é o incorporador imobiliário quem movimenta e integra os elementos para a realização de seu projeto e, por consequência, ele é o ator que mais ganha nesse processo, pois foi ele quem teve a visão para realizá-lo. Logo, você pode ter uma grande visão para sua vida, para seu projeto. Se você é um(a) empresário(a), desenvolva uma grande visão para sua empresa e para o seu time.

Nesse momento, é bem possível que você esteja se perguntando: e o que faz com que eu oriente a minha visão? Eu imagino essa sua pergunta porque também já a fiz a mim e encontrei a resposta em meus estudos e, ao colocá-los em prática, na minha vida profissional e pessoal. Então, eu a compartilho com você por meio da perspectiva de Covey, que afirma que

Quando a pessoa adquire este senso de missão, conquista a essência de sua própria proatividade. Passa a comandar a visão e os valores que dirigem sua vida. Passa a ter o ponto de partida básico, a partir do qual estabelece as metas de curto e longo prazo. Tem a força de uma constituição baseada em princípios corretos, para servir eficaz-

mente de padrão de comparação com as decisões referentes ao uso mais eficaz do tempo, dos talentos e das energias.[7]

Perceba como Covey agrega aspectos e inter-relações sobre as quais temos dialogado aqui. Essa é uma das razões pelas quais eu o trago constantemente para as nossas reflexões, pois me identifico com o olhar sistêmico, aprofundado e fundamentado que ele imprime em suas considerações. Logo, o meu desejo é o de que você também possa assim desenvolver e/ou aprimorar seu modo de contemplar, refletir, compreender e de aplicar a visão multifocal[8] (como assim a qualifica Augusto Cury em *Nunca desista dos seus sonhos*) da realidade em sua vida e em suas várias instâncias.

NUNCA É TARDE PARA O SUCESSO

Agora, eu lhe pergunto: você quer ser o motorista ou o passageiro no carro (ou projeto) da sua vida? Pois bem, eu sugiro que você seja o motorista. Afinal de contas, todos nós somos líderes. Logo, temos de ser líderes, em primeira instância, das nossas vidas.

O ato de liderar consiste em ter responsabilidade, consciência, visão e propósito. Portanto, seja o motorista do carro da sua vida, e não o passageiro, não deixe que as pessoas o(a) conduzam para onde você não quer, mas que você trace o seu objetivo na vida e rume para onde irá atingi-lo.

Dúvidas, incertezas, revisões de rota surgirão e isso é natural, porém, meu amigo, minha amiga, busque o seu maior e melhor mentor, que é

---

[7] COVEY, Stephen R. **Os 7 hábitos das pessoas altamente eficazes.** 52. ed. rev. e atual. Tradução: Alberto Cabral Fusaro *et al.* Rio de Janeiro: Best Seller, 2015. p. 148.
[8] CURY, Augusto Jorge. **Nunca desista dos seus sonhos.** Rio de Janeiro: Sextante, 2004. p. 9.

Quem o(a) criou: Deus. Então, dobre o seu joelho, peça ao Senhor que lhe dê orientação e assim Ele o fará, expressando qual é o seu chamado, o seu propósito na Terra para que você faça a diferença nesse mundo. Além disso, não se esqueça que Ele já o dotou do que você precisa para vencer, basta que você continue seu movimento consciente, verdadeiro, mantendo a sua resiliência e a sua fé em Deus e em você.

Nessa mesma linha do que acredito com meu coração e com minha fé, encontrei ressonância no relato que Covey faz sobre seu pai. Nele, o autor nos conta uma situação difícil vivida por seu pai e que tinha grande potencial de impedi-lo de realizar seus objetivos: estava preso em um engarrafamento no trânsito e perderia seu voo. Então, ele disse ao motorista do táxi que ele sairia do carro para redirecionar o trânsito para que a pista onde eles seguiam ficasse liberada. De pronto, o motorista espantado o reprovou e desencorajou: "O senhor não pode fazer uma coisa dessas"[9]. Então, o pai de Covey disse sorridente para que ele observasse. Ele saiu do carro e reconduziu o trânsito, os veículos voltaram a fluir na pista e ele não perdeu o voo. O autor também relata situações que seu pai sempre lidou de forma despretensiosa, humilde e bem-humorada ao interagir com as pessoas nelas presentes e nunca se afetou com o sucesso obtido. Isso porque

Ele se via apenas como o timoneiro da grande obra que realizava, sempre dando crédito às demais pessoas e a Deus. Nunca se envergonhava de seus valores ou de sua fé e acreditava que, se Deus estivesse no centro de sua vida, tudo o mais se encaixaria nos devidos lugares. Ele nos ensinou que, a longo prazo, a única maneira de se obter um

---

[9] COVEY, Stephen R. **Os 7 hábitos das pessoas altamente eficazes.** 52. ed. rev. e atual. Tradução: Alberto Cabral Fusaro *et al.* Rio de Janeiro: Best Seller, 2015. p. 23.

sucesso realmente duradouro como indivíduo ou organização seria vivendo de acordo com os princípios imemoriais.[10]

Portanto, não se esqueça do seu grandioso mentor, Deus, para que você não se perca em sua caminhada, não se perca de seus valores, de sua fé e de quem você é.

Como Deus o dotou de tudo que é necessário para que você busque seus objetivos, seus sonhos e realize seu propósito, cabe a você fazer a sua parte e não se paralisar diante de nada, muito menos na crença de que há uma idade certa para começar a sua busca. Perceba que essa é uma crença limitante e que ouvimos várias frases que a refletem aqui e ali em nossa sociedade: "ah, você é muito novo para começar"; "ah, a essa altura do campeonato, você está velho demais para começar algo". Aposto que você já deve tê-las ouvido.

Há uma parábola da qual eu gosto muito e quero compartilhar com você, é a *Parábola dos trabalhadores da vinha*

> Alguns trabalhadores chegaram cedo à vinha para trabalhar na plantação de uvas, e o dono do local combinou que lhes pagaria um denário (moeda de prata equivalente à diária de um trabalhador braçal) pelo seu trabalho. Posteriormente, o dono da vinha resolveu buscar outras pessoas para trabalhar na hora do almoço e pagou o mesmo valor. Depois, faltando uma hora para acabar o turno de trabalho, contratou outros trabalhadores e lhes pagou o mesmo valor que aos demais. Ao saberem disso, as pessoas que foram trabalhar mais cedo reclamaram com o dono da vinha e lhe questionaram se ele estava sendo justo. O dono da vinha lhes respondeu que ele não estava sendo injusto com eles,

---

[10] COVEY, Stephen R. **Os 7 hábitos das pessoas altamente eficazes.** 52. ed. rev. e atual. Tradução: Alberto Cabral Fusaro *et al*. Rio de Janeiro: Best Seller, 2015. p. 24.

pois eles tinham aceitado trabalhar pelo valor proposto, ordenando-lhes que pegassem seu dinheiro e fossem embora. Antes, o dono da vinha os questionou se ele não teria direito de fazer o que quisesse com seu dinheiro ou se eles estariam com inveja por ele ser generoso.

Essa parábola nos mostra como o dono da vinha agiu de forma justa e generosa com todos os trabalhadores, embora alguns deles não tenham assim interpretado a sua postura. Além disso, ela também nos leva a compreender que nunca é cedo ou tarde para uma pessoa fazer algo e encontrar o sucesso, a felicidade, o resultado. Se assim não o fosse, os trabalhadores da última hora da jornada de trabalho da vinha não se apresentariam, não é?! Caso estes acreditassem que não seriam contratados por apenas uma hora de trabalho, não teriam se candidatado. Assim sendo, nunca é cedo ou tarde para a realização de algo! Lembre-se disso! Há pessoas que o encontram no início, outras no meio e outras no final de sua caminhada. Veja, isso não importa, mas sim você decidir liberar seu potencial para realizar seus projetos, seus sonhos, seu propósito.

Novamente minha memória me traz mais uma das minhas leituras que desejo compartilhar com você, a peça *Júlio César*, de William Shakespeare. Mais especificamente, a fala de Cássio (Ato I — Cena III): "CÁSSIO — (...) Não há torre de pedra nem muralha de aço duro, nem calabouço infecto ou fortes elos que à força possam resistir do espírito. (...)"[11] Lembre-se, meu amigo, minha amiga, da força do seu espírito e não deixe de se lançar no que quer realizar, lembrando-se sempre que o sucesso não é o ponto de chegada, mas o trajeto.

---

[11] SHAKESPEARE, WILLIAM. **Júlio César.** S.l: eBooksBrasil. Disponível em: http://www.ebooksbrasil.org/adobeebook/cesar.pdf. Acesso em: 19 dez. 2021. p. 31.

Sim, é isso mesmo que você leu! E por que eu lhe digo isso? Porque há pessoas que, ao atingirem o topo de em suas profissões — atletas, médicos, engenheiros, advogados, empresários, estadistas etc. —, descobriram que existiam outros patamares a serem alcançados. É por isso que o sucesso deve ser entendido como o trajeto, como uma construção contínua de um objetivo valioso e não como a linha de chegada, o ponto final.

Em outras palavras, mesmo depois de atingi-lo, é preciso continuar trabalhando para preservá-lo, sustentá-lo. Richard St. John, empresário canadense, autor de obras cujo tema é o sucesso e palestrante da fundação TED, afirma que o sucesso é uma jornada contínua e indica oito princípios a serem seguidos: paixão, trabalho, foco, força/impulso (*push*), ideias, aperfeiçoamento (*improve*), cumprir/servir (*serve*) e persistência[12]. Em sua palestra TED, o autor não só expõe tais princípios, como narra sua experiência como empresário que atingiu o sucesso e, a duras penas, descobriu que alcançá-lo não é o ponto final da jornada, pois ela é contínua e demanda constante emprego de tais princípios.

Para executar esses princípios, é preciso que você desenvolva seu autoconhecimento. Isaac Newton, matemático, físico e astrônomo inglês que criou as famosas Leis de Newton e, por meio delas, formulou toda a mecânica moderna, afirma que é mais importante conhecer a si próprio do que todas as maravilhas do universo. Pois bem, é praticar o autoconhecimento, conhecer você mesmo, saber de suas qualidades, de seus defeitos, daquilo que você tem de aprimorar, desenvolver você mesmo para que você possa realmente fazer a diferença neste mundo. Afinal, não há outro objetivo a não ser fazer diferença nesse mundo com as qualidades que se tem. Você é único para isso.

---

[12] JOHN, Richard St.; ABBOTT Brasil. TED — O sucesso é uma jornada contínua. Disponível em: https://www.youtube.com/watch?v=mceIu3x2Qak. Acesso em: 19 dez. 2021.

Veja como o autoconhecimento é essencial. Encontramos tal reconhecimento em vários pensadores, estudiosos das mais diversas áreas. Aqui, identificamos o encontro do que nos disse Newton com a recomendação de Sócrates: "Conhece-te a ti mesmo". E eu acrescento: conhece-te a ti mesmo para que, além de trilhar o caminho do sonho rumo à sua concretização, você possa perceber a importância da caminhada (e não do ponto de partida), da boa semeadura e da colheita positiva.

@JOSEPAULOGIT

VOCÊ TEM SEDE DE ALCANÇAR O QUE ALMEJA?
QUE TAL PENSAR SOBRE ISSO?

Meu amigo, minha amiga, você já se fez essa pergunta?

E você consegue identificar alguns aspectos envolvidos nessa sede,
nessa busca pela realização de um projeto, de um propósito,
de uma meta, de mudanças interiores, de um sonho?

Pois bem, o meu convite, nesse momento, é que você
observe a sua sede (como diz a canção dos Titãs,
"*Você tem sede de quê?*") e como cuida dela.
Ou ainda, como você pode aprimorá-la para que
ela seja um dos impulsos de suas conquistas.

Então, sinta a sua sede!

Abraço,
José Paulo

Eu: _____

Coloque o seu nome. Olhe para você!

"O que vale na vida não é o ponto de partida e sim a caminhada. Caminhando e semeando, no fim, terás o que colher."

Cora Coralina

A minha sede de alcançar tem a ver com o percurso da minha semeadura, porque eu o faço da seguinte forma:

Percebo que estou dando bons passos em meu percurso para gerar as mudanças, mas preciso me aperfeiçoar em:

Em momentos difíceis ou de incertezas, para me motivar, eu faço:

Acredito que basta a motivação para promover
mudanças em mim e em minha vida:

A motivação é importante, mas eu entendo que também é preciso ter:

Eu entendo as crises como oportunidades de mudança,
pois, em minha vida, eu já:

Assim eu entendo a frase "nada é permanente, exceto a mudança", de Heráclito de Éfeso:

Na busca pelo que desejo alcançar, eu procuro:

1. estar na companhia de pessoas que me motivam;

2. encorajar e inspirar pessoas;

3. me apoiar na minha fé e na minha espiritualidade;

4. ser uma pessoa verdadeira;

5. planejar a minha caminhada rumo à mudança de dentro para fora.

Para isso, eu tenho atitudes como:

Eu acredito/não acredito na afirmação do filósofo e psicólogo Dr. William James, de Harvard: "A maior revolução da minha geração é a descoberta de que os indivíduos, ao mudarem sua atitude mental, podem mudar os aspectos externos de suas vidas.". Isso pelo fato de que eu:

No seguinte questionamento: "você quer ser o motorista ou o passageiro no carro (ou projeto) da sua vida?", eu me vejo como o motorista/o passageiro porque:

Quando estou em dúvida quanto à rota a seguir, eu busco primeiramente orientação em minha fé, em Deus, na espiritualidade, pois:

**Quando estou em dúvida quanto à rota a seguir,
eu recuo e paraliso porque:**

Eu vejo a liderança como uma das minhas qualidades porque:

CICLOS DA **VIDA**

Para tudo há um tempo,
para cada coisa há um momento debaixo dos céus:
tempo para nascer, e tempo para morrer;
tempo para plantar, e tempo para arrancar o que foi plantado;
tempo para demolir, e tempo para construir;
tempo para chorar, e tempo para rir;
tempo para dar abraços, e tempo para apartar-se;
tempo para calar, e tempo para falar;
tempo para amar, e tempo para odiar;
tempo para a guerra, e tempo para a paz.

Eclesiastes 3:1-8

SEJA RESILIENTE

Quando falamos em ciclos da vida, pensamos no que vivenciamos dia após dia. Dias esses permeados de momentos, sentimentos, descobertas, sensações, aprendizados, releituras do mundo, situações, aprendizados, buscas, planos, de pessoas, de nós mesmos e, claro, de sonhos.

É preciso que compreendamos o significado da palavra "ciclo", para que não tenhamos a falsa ideia de que ela significa que nossa vida se dá em "fatias", o que não ocorre, não é? Pois bem, o termo "ciclo" tem origem no termo grego *"kýklos"*, que diz respeito a uma série de fenômenos cíclicos, portanto, que se renovam constantemente. Basta observarmos o tempo, a evolução dos seres vivos, os fenômenos naturais, as estações do ano, o meio ambiente etc. Note que esse sentido de renovação constante também está presente no trecho bíblico, razão pela qual eu o escolhi para abrir este momento do nosso diálogo e nos incitar a refletir sobre a nossa vida ser feita de ciclos.

Veja que eu usei duas palavras essenciais para falarmos de ciclos: evolução e renovação. Isso porque, como já temos percebido nos momentos anteriores das nossas reflexões aqui, somos eternos buscadores de nós mesmos, da nossa transformação, de mudanças, da nossa fé, do contato com a nossa espiritualidade, de dias melhores, de nos tornarmos melhores, de relações sadias, positivas e com reciprocidade, da superação de dores e de limitações, do autoconhecimento, da construção de um mundo melhor, de aprendizados, do desenvolvimento de nosso potencial, da realização de planos, sonhos e do nosso propósito de vida.

Vejo que, para as nossas inúmeras buscas, é preciso alimentarmos em nós cada elemento que nos integra como seres humanos e sobre os quais temos refletido juntos, uma vez que todos têm a sua relevância em nós e para a nossa vida e seus ciclos. Entretanto, nesse momento, quero destacar a resiliência, pois sabemos que há ciclos que requerem que nós a preservemos, ou seja, que a resiliência seja nutrida.

Talvez você esteja se perguntando o que é, afinal, a resiliência. É importante detalharmos esse conceito, até mesmo para não o entendermos apenas em seu senso comum. O que acha?

Resiliência é um conceito oriundo da física, mas vem sendo utilizado de forma ampla em diversos contextos e várias áreas, como na psicologia, na gestão de pessoas, entre outras. Originalmente, resiliência designa a propriedade de resistência que alguns corpos apresentam ao retornarem à sua forma original após terem passado por uma deformação elástica. Em outras palavras, é a capacidade de alguns materiais em acumular energia quando submetidos a estresse e de não romper, além de manterem preservada a sua característica de retornar à forma original após ter cessado a força de estresse.

Sob o olhar da psicologia, a resiliência humana diz respeito à capacidade de cada indivíduo de transpor, adaptar-se e superar dificuldades, conflitos, traumas, crises ou qualquer outra fonte que lhe provoque estresse significativo. Desse modo, resiliência envolve nossos pensamentos, comportamentos e atitudes, que são constantemente exercitados, (re)aprendidos e desenvolvidos.

Nesse sentido, também precisamos compreender que há um tempo e uma forma próprios de cada pessoa enfrentar, recuperar-se (no sentido trazido da física: não se romper, preservar-se, recompor-se) e superar a adversidade vivida, saindo melhor dela e com mais autoconhecimento, aprendizado e crescimento interior.

Contudo, é preciso que tenhamos cuidado ao usarmos e interpretarmos esse conceito, no sentido de não qualificarmos negativa (quem é considerado com menor potencial de resiliência) ou positivamente (quem é qualificado com ótimo potencial de resiliência) a performance de uma pessoa segundo o grau de sua resiliência. Isso porque não podemos usar a mesma régua para todas as pessoas, pois há o indivíduo que não suporta a pressão psicológica oriunda de cobranças em seu trabalho, mas que tem boa performance e se recupera bem em crises que demandam sua ação; assim como há pessoas que não suportam atravessar crises, mas se restabelecem rapidamente de desafios que demandam o recobrar de sua força física (por exemplo, um atleta); ainda há o indivíduo que se imobiliza ao assimilar o golpe proveniente de um novo desafio, mas que, ao receber apoio e orientação, consegue recuperar-se e se impulsionar no sentido de enfrentar a adversidade.

Assim sendo, é preciso que tenhamos essa compreensão quando tentamos de forma equivocada qualificar a nós mesmos e às outras pessoas como detentores de adequada ou inadequada resiliência. Veja como a resiliência é algo muito subjetivo.

O que posso lhe dizer a esse respeito e sem qualquer sombra de dúvidas é que é, sim, válido e recomendável nutrirmos a nossa própria resiliência e a das pessoas com as quais convivemos, seja na esfera pessoal, seja na esfera profissional das nossas vidas. Isso porque trazermos à consciência (à nossa e à das pessoas) o entendimento de que tal capacidade é inerente a cada um de nós — mas que é singular, posto que somos seres singulares — torna-nos mais seguros quanto a nos reconhecermos resilientes ao nosso modo e sábios na maneira de olhar e usar a nossa resiliência, inclusive para aprender mais sobre ela e, como consequência, aprimorá-la. Enfim, desejo que você compreenda que não podemos balizar as pessoas por algo que é a nossa característica, assim como não podemos internalizar a escala de terceiros para algo que é diferente, singular em nós.

O ponto pacífico (em comum) disso tudo é que todos nós somos resilientes à nossa maneira e que devemos e precisamos preservar e desenvolver a nossa resiliência. Assim sendo, a minha recomendação é que você seja resiliente no sentido do que dialogamos aqui.

Agora, eu lhe faço uma pergunta... por que sermos resilientes quando falamos de conquista de objetivos, de planos, de sucesso? Porque o sucesso é uma linha reta apenas para quem não tem experiência e que, por conta disso, assim o imagina. Contudo, ele é feito de um monte de fracassos e de dificuldades. Exemplo disso é o que disse o grande lutador norte-americano de UFC Jonathan Dwight Jones (mais conhecido como Jon Jones), inspirado no lendário pugilista estadunidense Muhammad Ali: quem ganha a luta não é aquele que bate mais, mas aquele que fica mais tempo de pé. Então, é preciso ter resiliência, porque a vida nos prepara uma série de golpes. Logo, é muito importante termos essa consciência muito clara: a resiliência é que nos faz lidar, resistir e superar os baques da vida.

Você conhece a fábula *A samambaia e o bambu*? A sua autoria é desconhecida para mim, mas eu a trago por ser interessante e ilustrar muito bem o que estamos refletindo. Veja!

Tudo seguia muito bem na vida de um carpinteiro, até que se iniciou uma fase ruim, com a chegada de uma grande empresa fabricante de móveis na cidade. Os donos da fábrica tinham muito dinheiro, empregavam muitos funcionários e tinham ótimas máquinas, o que lhes possibilitava fabricar móveis em tempo recorde, com qualidade e por preços menores que os praticados pelo carpinteiro.

Observe como esse carpinteiro tem a sua atuação profissional e, por consequência, a sua vida impactada com a chegada dessa empresa. Quem de nós já não viveu alguma situação que nos colocou em tal condição? Pois bem, vamos continuar acompanhando a história...

Nesse cenário, o carpinteiro estava caminhando para a falência, o que o afligiu, claro. Se a situação já estava difícil para ele, piorou, pois o carpinteiro começou a enfrentar dificuldades financeiras com sua família. Em busca de uma saída, ele procurou um emprego, mas não

CICLOS DA VIDA

teve sucesso, o que levou sua esposa a recriminá-lo e isso tudo também afetou seus filhos, que passaram por dificuldades em seu aproveitamento escolar. O carpinteiro, então, foi se desesperando, pois gradativamente tinha menos dinheiro, energia, forças e esperança, além de sentir sua mente se fechar, pois não encontrava saída alguma.

Podemos imaginar a sensação de encurralamento sentida pelo carpinteiro, não é? Eu já a senti e acredito que você também, pois há situações que em um primeiro momento nos paralisam, até que consigamos reagir de alguma forma. Isso acontece com cada um de nós, conforme nossa capacidade individual de resiliência. Com o carpinteiro não foi diferente.

Um dia, com o intuito de tentar colocar sua mente em ordem e ter alguma ideia, ele foi passear em uma floresta. Lá, mal sabia ele que iria conhecer os segredos da samambaia e do bambu. O carpinteiro estava caminhando na floresta quando encontrou um humilde e gentil ancião que o convidou para tomar um chá. Este perguntou ao carpinteiro o que o aflige, que por sua vez contou ao senhor suas adversidades. O ancião o ouvia com atenção e calma e convidou o carpinteiro para ir ao quintal de sua humilde casa, onde estavam a samambaia e o bambu cercados por outras árvores. Então, o senhor pediu que o carpinteiro observasse as duas plantas e começou a lhe contar que há oito anos ele havia pegado algumas sementes e plantado a samambaia e o bambu no mesmo momento, pois sua intenção era a de que ambos ali crescessem por serem espécies reconfortantes. O ancião contou-lhe que dedicou muito esforço no cuidado de ambas, como se fossem seu tesouro. Um tempinho depois, ele percebeu que a samambaia começou a brotar e logo se tornou majestosa; contudo, o bambu continuava debaixo da terra sem sinal algum de vida. O carpinteiro ouvia a história com atenção. O ancião contou então que, após um ano, a samambaia continuava crescendo e o bambu não. O que não o fez desistir, muito pelo contrário, o ancião continuou e dedicou ainda mais cuidados ao bambu. Porém, nenhum sinal de evolução após mais um ano. Mesmo após quatro anos, o ancião não desistiu do bambu. No quinto ano, finalmente surgiu da terra um galhinho tímido da plantinha, que foi ficando maior dia a dia e, em poucos meses, o bambu havia se tornado forte, robusto e atingido 10 metros. O ancião perguntou ao carpinteiro se ele sabia por que o bambu demorou tanto para crescer. O carpinteiro, pensou, pensou, mas não sabia a resposta.

Sobre esse ponto da fábula, quero lhe fazer algumas perguntas: quantas vezes você não teve as respostas que precisava? O que sentiu por não conseguir responder aos questionamentos que lhe foram apresentados? É necessário que você tenha todas as respostas ou é preciso que você as elabore no momento de sua vivência? Ou ainda que colha (e pense sobre elas, claro!) do que lhe é repassado com sabedoria, como assim o fez o ancião ao carpinteiro? Pense nessas possibilidades todas! Vamos ver então a resposta do ancião ao carpinteiro?

O ancião lhe disse que o bambu precisou desses cinco anos para criar suas raízes e ser uma planta alta, linda e forte. Ou seja, seus galhos não poderiam sair da terra sem uma base forte (as suas raízes) e que lhe permitisse crescer. O ancião pergunta, então, se o carpinteiro entendeu, e este responde que sim, pois muitas coisas levam o tempo necessário para criar raízes e o essencial é não perdermos a fé. Antes de o carpinteiro retornar à sua casa, o ancião lhe disse algo muito importante e lhe pediu que jamais se esquecesse: "a felicidade o mantém doce. As tentativas o mantêm forte. As dores o mantêm humano. As quedas o mantêm humilde. O sucesso o mantém brilhante"[1].

Perceba, então, que a resiliência e a humildade do ancião o conduziram ao alcance de seu objetivo: ver crescer o seu amado bambu. Sem essas duas características do ancião, as demais não bastariam para que ele obtivesse sucesso.

DOR É DESORDEM

Acredito que, com o avançar do nosso diálogo, tenha ficado ainda mais claro para você que a nossa vida é feita de ciclos e que estes podem ser bons e felizes ou adversos e aflitivos, como acompanhamos inclusive na fábula d'*A samambaia e o bambu*. Sobre os ciclos adversos e aflitivos, Vilfredo Pareto, grande economista italiano que criou o Princípio de Pareto, afirma que a vida é como se fosse uma senoide. Lembra-se dela? A mesma da corrente alternada, ou seja, uma forma de onda que vai e vem, como as ondas do mar, da luz e do som.

---

[1] A SAMAMBAIA e o bambu: uma fábula para entender a resiliência. Disponível em: https://amenteemaravilhosa.com.br/a-samambaia-e-o-bambu/. Acesso em: 24 dez. 2021.

Pois bem, dimensiona-se que, na vida, passamos 10 ciclos bem difíceis e 10 ciclos excelentes. E o que seria um ciclo bom? É quando você, por exemplo, tem uma promoção, conquista algo pelo que batalhou, vivencia o nascimento de seu filho, realiza um sonho etc. Já o ciclo ruim é quando você perde um ente querido, ou sofre adversidades pessoais e/ou profissionais que lhe tiram a capacidade de ação e de reação a elas e até mesmo o ânimo para a vida, causando-lhe sofrimento e dor.

Ao olharmos para o mundo corporativo, também identificaremos esses ciclos e seus respectivos reflexos. Com base na minha experiência, ao falar com líderes sobre tais ciclos e seus efeitos, eu os oriento a observarem o trabalho de seu liderado, pois quando este se desgasta demais para realizá-lo e sua execução se mostra mais difícil e dolorosa a ele, há, sim, algo errado que merece atenção, tanto do líder quanto do próprio liderado, no sentido de que ambos identifiquem e tomem consciência da sua presença e do seu porquê, para que o que não está bem possa ser sanado e, assim, não se torne um desgastante companheiro de seu dia a dia.

Outro aspecto importante dessa nossa reflexão é compreendermos que não devemos nos sentir diminuídos por estarmos passando por um ciclo que nos causa dor, pois é muito comum a pessoa nessa condição se identificar como fracassada e, portanto, incapaz de atingir realizações extraordinárias – e até mesmo as corriqueiras.

Para que essa situação e condição não sejam assim interpretadas e sentidas, é preciso que haja o entendimento de que o sucesso é feito de alguns pequenos fracassos, alguns impedimentos e de alguns embates, que, sem dúvida, causarão dor.

E o que é a dor? Ela é um sinal, um indício da desordem, pois indica que algo em nós não está em equilíbrio e está cerceado. A dor, por sua vez, também nos limita e nos desarmoniza, assim como o nosso mundo, os nossos relacionamentos, a nossa casa, a nossa espiritualidade, a nossa fé e a nossa forma de ver, agir e reagir ao que nos provoca a dor.

Perceba como não há dor sem sofrimento, e este é tal que isola o indivíduo de si e de tudo que lhe é importante e essencial. Esse é um aspecto tão relevante para a vida das pessoas que chamou a atenção do antropólogo, sociólogo e psicólogo francês David Le Breton, um dos maiores especialistas em análise do corpo (e, nele, da dor) no âmbito social, tendo publicado mais de 20 obras sobre o tema. Aqui, eu quero compartilhar com você a lembrança que me veio da obra *Compreender a dor*, de Le Breton. O autor expõe o que estamos observando aqui, ou seja, que não há dor sem sofrimento e que ela é sentida e assimilada pelo indivíduo que sofre. Assim sendo, a dor (que pode ser transitória ou não) experienciada pela pessoa se instaura no cerne de sua relação com o mundo, com as pessoas com quem interage e consigo mesmo, pois a dor altera a sua relação com sua subjetividade e suas relações sociais[2].

É necessário atribuirmos um significado afetivo à dor, pois ela traz um fenômeno fisiológico para a consciência do ser humano, o que lhe faz lembrar do verdadeiro valor da sua existência. Muitas vezes essa tomada de consciência (essa valoração) ocorre a partir da experiência da dor, levando a pessoa a ressignificar a sua vida e a valorá-la, se ainda não o fez.

Logo, a dor é um indicativo de desordem, mas não um veredito para que nela permaneçamos. Pelo contrário, ela serve como mecanismo de defesa contra as severidades, as cruezas do mundo ou ainda os difíceis

---

[2] LE BRETON, David. **Compreender a dor.** Tradução: Manuel Anta. Cruz Quebrada: Estrela Polar, 2007.

ciclos (como temos focalizado aqui) vivenciados por mim, por você, enfim, por todos nós.

Desse modo, a dor deve ser entendida como mecanismo de defesa aos rigores da vida que se apresentam em determinado ciclo, o que não é aval para nos entregarmos a ela, mas, sim, interpretá-la como instrumento para identificarmos o que está em desequilíbrio, identificar que sofrimento ela representa e, então, recuperar o nosso equilíbrio, buscando ajuda de todas as formas que considerarmos válidas.

Estar aqui compartilhando esses pensamentos com você me fez lembrar da passagem bíblica que se encontra em João 16:33: "Tenho-vos dito isto, para que em mim tenhais paz; no mundo tereis aflições, mas tende bom ânimo, eu venci o mundo". Aflição significa tribulação, angústia, pressão, dilema. Nós não estamos imunes a passar por aflições em nossa vida, como doenças, intrigas na família, problemas financeiros, sociais, políticos etc. Mas a boa notícia é que Jesus prometeu estar sempre ao nosso lado nesses momentos também[3].

Somente em Cristo e na paz que vem Dele podemos aprender a passar por aflições sem ficarmos ansiosos, preocupados, inseguros ou com medo. A vitória de Cristo sobre a morte superou tudo e por isso nossa fé Nele muda nossa maneira de superar as aflições quando elas vierem.

Lembre-se de que, por mais difícil que seja o ciclo, por mais intensa que seja sua experiência de dor e por mais que pareça que seu sofrimento não cessará, tenha certeza, meu amigo, minha amiga, de que tudo isso é passageiro e que, com consciência, fé, confiança, humildade, apoio e

---

[3] NO MUNDO tereis aflições: estudo bíblico. [S.d.]. Disponível em: https://www.respostas.com.br/no-mundo-tereis-aflicoes-estudo-biblico/. Acesso em: 7 maio 2022.

atenção aos aprendizados colhidos, você se reequilibrará em seu ser, em sua vida, em suas relações e em sua fé.

TENHA AUTOCONFIANÇA

A personagem Sabedoria aconselhou Mack a ter confiança, não é? Eu também o(a) oriento a ter toda a confiança do mundo em você, pois além de eu acreditar no potencial humano, as Escrituras nos dizem isso. Como não ter confiança se fomos feitos à imagem e semelhança do Criador? Ora, nós somos capazes de desenvolver, criar coisas magníficas, somos minicriadores, lembre-se sempre disso.

Também não podemos ignorar o fato de que esse mundo foi criado para você. Então, tenha autoconfiança, acredite que cada um de nós está aqui para um projeto especial e único. Não fomos feitos em série, ou seja, não há 10 pessoas iguais como eu, como você. Somos seres únicos, temos características, qualidades únicas. Ora, na história da humanidade você perceberá que o ato de vencer na vida exige o enfrentamento de dificuldades e, tendo autoconfiança, você as atravessa de uma melhor forma.

Stephen Covey[4] afirma que a segurança que as pessoas sentem em outra pessoa provém da confiança, e esta se origina de seus princípios e valores. Ora, por que precisamos chegar em um bom nível de autoconfiança? Acredito que você esteja se perguntando. Porque você compreenderá melhor sua natureza, suas capacidades, suas vulnerabilidades, seus valores, suas crenças, sua espiritualidade e, claro, os seus sonhos.

---

[4] COVEY, Stephen R. **Os 7 hábitos das pessoas altamente eficazes.** 52. ed. rev. e atual. Tradução: Alberto Cabral Fusaro *et al*. Rio de Janeiro: Best Seller, 2015. p. 343.

Ao desenvolver sua autoconfiança, você não fica à mercê de incertezas sobre si mesmo e de julgamentos alheios. Além disso, não permite que sua autoestima seja abalada por qualquer pessoa, você se torna confiante de si, valoriza seus pontos positivos e busca mudar os negativos, age de forma mais assertiva, acredita em seus conhecimentos e na busca constante desses, sustenta-se em seus princípios e fortalece a sua fé. Com isso, você propaga energias positivas aos que convivem com você (seja no âmbito pessoal, profissional ou corporativo), pois sua postura, princípios, (inter)ações e ideias expressam segurança, confiança, preparo, força e sensibilidade (no sentido de apreciar seu entorno com acuidade).

Quero lhe deixar clara uma das minhas intenções ao refletir com você sobre a importância da confiança e da autoconfiança — além de que você as compreenda melhor e identifique mais claramente as suas funções para nós e para as nossas vidas: pretendo que você as identifique como um dos vários recursos valiosos que há em você e que lhe dão base, apoio para as suas buscas na vida, ou seja, seus planos, suas metas, seus sonhos, seu propósito e sua missão.

Perceba que, dessa forma, somos impulsionados a acreditar em nossa capacidade – pela via do autoconhecimento, do desenvolvimento, da autoestima, do aprendizado e da espiritualidade – de realização de algo. Consequentemente, conseguimos imaginar como atingi-la com êxito, o que nos faz assumir uma postura positiva ao enfrentarmos os desafios que surgem no caminho.

Portanto, a autoconfiança sustenta e estimula nosso comportamento, nossas ações e nossas investidas para a concretização do que almejamos. E, aqui, quero muito destacar para você um ponto que considero importantíssimo sobre a autoconfiança: é preciso que tenhamos consciência de que não nascemos autoconfiantes e não basta termos nos tornado autoconfiantes – devemos ter em mente que a autoconfiança tem a ver com a nossa caminhada, com a nossa trajetória, visto que precisamos preservá-la, desenvolvê-la a cada novo dia e em cada conquista, não importando se esta é grande ou pequena, cotidiana ou extraordinária.

Uma das maneiras de (re)alimentar a (auto)confiança de forma positiva e não a transformar em arrogância é ter em mente quem você é e como você é. Então não se esqueça – mesmo vivenciando difíceis ciclos, mesmo experimentando a dor vinda do sofrimento – do motivo pelo qual você foi criado(a). Procure não podar suas asas e não deixar que ninguém faça isso. Confie e alce o seu voo!

INSISTA PARA TER MAIS "SIM" DO QUE "NÃO"

Quantos "nãos" você já ouviu em sua vida pessoal e profissional? Não importa a confiança, a autoconfiança, o potencial de resiliência, a segurança e o autoconhecimento que temos, todos nós já recebemos um não e, claro, sentimos os seus efeitos, os seus "estragos". E por que eu falo de "estragos"? Porque com o "não" vem o sentimento de rejeição, de insucesso, de desmotivação e de baixa autoestima. São esses efeitos que nos levam à aversão ao "não". Entretanto, ele faz parte da vida, pois pode surgir nos mais diversos momentos: o não poder sair brincar com um amiguinho quando criança, o não para um pedido de namoro, a não aprovação em alguma avaliação, o não a um projeto, o não a uma proposta de venda, o não à candidatura à vaga de emprego etc.

Contudo, não podemos nos deixar abater pelos "nãos" que ouvimos e ainda ouviremos em nossa vida. Isso me lembra de uma frase atribuída à ex-primeira-dama dos Estados Unidos (de 1933 a 1945), Eleanor Roosevelt, que foi uma grande defensora dos direitos humanos, sendo a presidente e membro mais influente da Comissão dos Direitos Humanos das Nações Unidas, em 1948. Disse ela: "Lembre-se: ninguém pode fazer você se sentir inferior sem o seu consentimento". Compreende? Nós é que consentimos para que esse sentimento se instale em nós. Logo, é preciso que tenhamos consciência de que, assim como o sim, o não também faz parte da vida, e saber lidar com ele nos tira dessa zona negativa, insalubre, danosa em que nos colocamos (e deixamos que nos coloquem), mesmo que inconscientemente.

O não é o contraponto do sim; então, nós o encontraremos aqui e ali e em maior número de vezes que um sim. Você sabia disso? Há uma estatística que indica que a cada 19, 20, 30 nãos recebemos um sim. Veja só essa proporção!

Então, por que ainda não sabemos lidar com o não e deixamos de insistir no recebimento do sim? Por causa dos sentimentos negativos que ele nos provoca, por ele ser interpretado como rejeição. Contudo, é possível mudar esse jogo. Primeiramente, negue-se a sentir essa mescla de sentimentos que lhe faz mal e lhe tira a ação. Segundo, busque o sim, diminua essa estatística gradativamente, pois não se deixar abater ao ouvir um não, além de manter você na busca do seu objetivo, aperfeiçoa seu método na busca do sim. E isso pode acontecer na assinatura de um contrato, na concretização de uma venda, em atividades cotidianas em que você busca a parceria de outra pessoa, no planejamento de uma viagem etc.

Assim sendo, ao recebermos um não, devemos nos lembrar de que há vários "sins" esperando ser colhidos por nós. Saber disso nos afasta dos efeitos nocivos do não e nos leva a desenvolver e aprimorar formas de conseguir o sim.

É bem possível que você esteja perguntando: ok, mas como conquistar mais "sins"? E eu lhe respondo: desenvolvendo o seu poder de influenciar as pessoas, além das suas demais qualidades, dentro da ética para com o outro. Usei o termo "poder" certo? Vamos, então, pensar juntos no sentido que trago essa palavra para o nosso diálogo.

Pois bem, sabemos que não fazemos nada sozinhos em nossa vida, não é? Logo, o poder a que me refiro é o de mobilizar as pessoas em função de uma causa. Ocorre-me aqui que você possa estar em dúvida sobre se liderança tem a ver com poder. E eu lhe digo que sim, mas estes não são conceitos iguais. Cada um deles tem seu significado. Não se preocupe que isso ficará claro no decorrer do nosso diálogo.

Então, vamos partir do princípio de que toda pessoa precisa ter cinco coisas importantes para ter poder:

1ª Cada ato que você for realizar, desenvolva com muito amor. Por exemplo, se você vai preparar a mamadeira para o seu bebê, prepare-a com muito amor; se vai realizar uma atividade na empresa em que você trabalha, faça-a com amor; se vai cortar a grama, corte-a com amor. Enfim, por onde você passar e o que estiver realizando, faça com excelência e amorosidade, pois isso lhe dará muito poder.

2ª Não revele tudo sobre você para as pessoas, ou seja, seja uma pessoa reservada. Não exponha tudo sobre sua vida e fale o que é essencial, pois, assim, além de se preservar nesse aspecto, você poderá contribuir com as pessoas no que realmente lhes é relevante. Eu costumo dizer algo que está na Bíblia, que afirma que um touro pode se passar por um sapo se ficar calado.

3ª Use o seu tempo de maneira inteligente; a vida é feita de tempo, isto é, o tempo é a matéria-prima da vida. Assim sendo, quem utiliza o tempo com inteligência consegue ter uma vida extraordinária, não perdendo-o com futilidades.

4ª Aprenda a aceitar os erros e as responsabilidades, ou seja, ao errar, admita seu erro. Aliás, na maioria das vezes estamos muito mais errados do que certos. As pessoas que sabem que estão erradas, reconhecem o seu erro e corrigem sua rota são as pessoas que realmente atingem um grande sucesso em seus objetivos, projetos e sonhos. Isso porque elas não insistem no que está incorreto, mas buscam o aprimoramento e o aprendizado, o que demanda humildade além de ter tal consciência.

5ª Não crie tempestade em um copo d´água, ou seja, não queira chegar ao topo de forma brutal, mas, sim, de forma serena e consciente. Portanto, seja um pacificador, de modo que, onde você colocar os seus pés, você pacifique, serene, procurando ajudar e criar um ambiente cooperativo, positivo e saudável.

Perceba que tais posturas e ações condizem com o poder de interagirmos bem com as pessoas, ou seja, de forma correta, assertiva, equilibrada e com respaldo em valores, posturas e atitudes que promovem a superação de conflitos e do recebimento do não. É esse conjunto de características que permeiam nosso modo de ser e de agir que amplia e potencializa nossas possibilidades de conquista do sim.

Aqui, quero acrescentar mais um elemento importante para esse poder sobre o qual estamos refletindo: o marketing pessoal, que diz respeito à sua atitude, à sua postura pessoal, ao seu bom senso e à sua comunicação com as pessoas. Isso envolve um posicionamento positivo, correto e adequado para com as pessoas. Enfim, deve-se ter uma postura de respeito e uma comunicação bem desenvolvida para que tudo isso flua de modo correto e desejado.

Portanto, procure identificar esses aspectos em você, desenvolva-os e os utilize, pois eles também o(a) guiarão na descoberta do "botão verde" das pessoas.

Botão verde? O que é isso? Sei que você deve estar se perguntando com estranhamento. Calma que vou lhe explicar.

Todo mundo tem algo que faz seu coração bater mais forte, que faz a pessoa pensar diferente. Vou lhe dar um exemplo disso: imagine um trabalhador da área operacional que tem a meta de conquistar a sua casa própria e a parcela do financiamento é de R$ 2.000,00 por mês. Então, você vai criar um plano com esse trabalhador para que ele possa atingir uma meta no departamento dele, atinja bons resultados e ganhe, então, um bônus para ter o valor da parcela ou até mais. Ou seja, você descobriu o "botão verde" dessa pessoa, ou seja, o sonho dela, e o conectou com o sonho, com a meta da empresa, para que ambos caminhem juntos para chegar aonde almejam.

Também desejo que você compreenda que, essa conexão envolve outro aspecto interessante: a ajuda e o encorajamento. Nesse exemplo, você percebe a presença desses dois elementos. Perceba, então, que a ajuda vai muito além do apoio material; muito mais, envolve ideias, encorajamento, parceria, cocriação. Note algo igualmente interessante: ao ajudar alguém dessa forma, você não está dividindo (no sentido de subtrair) algo que você tem (as ideias, o encorajamento), mas sim multiplicando seus conhecimentos, seus aprendizados e seus valores. Isso quer dizer que, além de não ocorrer qualquer subtração do que está doado, você gera riquezas para essa pessoa.

Logo, doar algo generosamente a alguém não se traduz em simplesmente dar algo material, como o dinheiro, mas, sim, doar conselhos, orientações, encorajamento, condições para que a pessoa se desenvolva. Isso tudo se faz em uma via de mão dupla, em que há a prosperidade, a ampliação de conhecimentos e de crescimento mútuos.

Olha aí: vários sins presentes para ambas as partes, onde antes poderia haver um não ("não consigo", "não é possível", "não aceito", "não entendo", "não quero", "não tenho coragem", "não me interessa", "não sou capaz"). Se ainda assim houvesse um não, ele seria dado com maior fundamentação e clareza da outra parte, o que faz toda a diferença para ambos, não é?

Então, leve isso tudo para os diversos contextos da sua atuação como ser humano. Aqui, podemos ver a coconstrução de um sim, não é mesmo? Ora, o sim do trabalhador que não encontraria sozinho o caminho para o sim da conquista de sua casa, e o seu (imaginado no exemplo), que buscava o sim do trabalhador para o alcance da meta, do sonho da empresa. Perceba portanto que, apesar da maior probabilidade do não, o sim se concretiza, mas é preciso estabelecermos sintonia com a outra pessoa, colocarmo-nos de forma adequada, criativa e ética em ações, projetos, objetivos corretos e plausíveis e que farão a diferença na vida das pessoas e no contexto envolvido.

Lembre-se de que impossível é apenas aquilo que você não tenta, pois permanecerá no terreno do intangível, do ideal, da utopia. Então busque, persista, mas sempre com sabedoria, ética, pés no chão, harmonia, responsabilidade e sintonia com tudo e todos que envolvem a sua busca pelo sim. Não permita que as dificuldades dessa busca diminuam sua fé em você e em Deus. Nesse sentido, recorde-se sempre desta outra orientação de Eleanor Roosevelt: nunca permita que alguém lhe diga "não" se essa pessoa não tem o poder de dizer "sim".

VOCÊ E OS CICLOS DA SUA VIDA. COMO VOCÊ SE COLOCA EM SUA EVOLUÇÃO E RENOVAÇÃO?

Meu amigo, minha amiga, você já observou como você se coloca (percebe, age, se vê, pensa e se posiciona) nos ciclos da sua vida?

Embora você saiba que eles envolvem vários aspectos, entre eles as suas características pessoais, o seu modo de pensar e agir, o mundo exterior e as relações interpessoais, será que você já se oportunizou contemplar alguns desses pontos de modo um pouco mais reflexivo?

É isso que eu lhe proponho aqui! Ora, se somos eternos buscadores de nós mesmos, da nossa transformação, da nossa fé, das mudanças que desejamos ver no mundo, dos nossos sonhos, dentre tantas outras coisas que buscamos, pensar sobre nós e sobre nossos ciclos é uma ação importante em nossa busca.

Então, explore mais esse aspecto que o(a) envolve!

Abraço,
José Paulo

Eu: _____

Coloque o seu nome. Olhe para você!

Compreendo que a vida é feita de ciclos e que alguns deles podem exigir mais de mim, e lido com isso da seguinte forma:

Entendo que ser resiliente é ser:

Eu me reconheço mais resiliente em
situações estressantes que exigem de mim:

1. gerir conflitos interpessoais;
2. atravessar uma crise;
3. superar pressão psicológica;
4. investir força física;
5. aprender algo totalmente novo e complexo para mim.

Ao empregar a minha capacidade de resiliência, eu procuro me apoiar em:

Para mim, a resiliência pode ser aprimorada, pois:

Não considero ser possível o aprimoramento da resiliência, porque:

A resposta à questão: "por que sermos resilientes quando falamos de conquista de objetivos, de planos e de sucesso?" é:

Eu já me senti derrotado(a) ou frustrado(a) em algum momento da minha vida, pois não consegui conquistar algo que almejava e/ou não tive condições de superar determinada dificuldade. Vivenciar esse sentimento foi:

Já me senti vencedor(a) pelo simples fato de enfrentar algo difícil e que parecia intransponível por mim. Essa oportunidade me trouxe (mencione sentimentos, descobertas, autoconhecimento, superação, mudanças etc.):

"Quem ganha a luta não é aquele que bate mais, mas aquele que fica mais tempo de pé". Eu interpreto essa frase deste modo e ela tem/não tem a ver com a minha vida, pois:

Segundo meu entendimento e experiência de vida, o ensinamento do ancião ao carpinteiro, na fábula *O bambu e a samambaia*: "a felicidade o mantém doce. As tentativas o mantêm forte. As dores o mantêm humano. As quedas o mantêm humilde. O sucesso o mantém brilhante.", tem tudo a ver com as mudanças de ciclos da vida e é algo com que me identifico porque:

Segundo meu entendimento e experiência de vida, o ensinamento
do ancião ao carpinteiro, na fábula *O bambu e a samambaia*: "a felicidade
o mantém doce. As tentativas o mantêm forte. As dores o mantêm humano.
As quedas o mantêm humilde. O sucesso o mantém brilhante.",
não tem nada a ver com as mudanças de ciclos da vida e
é algo com que não me identifico porque:

Ao vivenciar um ciclo de dor, eu me identifico como uma pessoa
fracassada, perdedora, incapaz de alcançar o que desejo, porque:

Ao vivenciar um ciclo de dor, apesar de senti-la, eu não me identifico como
uma pessoa fracassada, perdedora, incapaz de alcançar o que desejo, porque:

Relaciono a diversidade de ciclos da minha vida com a afirmação de Rubem Alves, em *Do universo à jabuticaba*: "viver ao ritmo de alegrias e tristezas é ser sábio", pois entendo que:

Vilfredo Pareto, em seu princípio, afirma que a vida é como se fosse uma senoide, a mesma da corrente alternada, da onda que vai e vem, como as ondas do mar, da luz e do som.

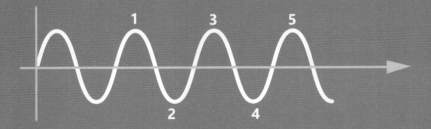

Nessa imagem, posso identificar cinco ciclos significativos da minha vida, os quais vivenciei da seguinte forma (como os atravessei, como me senti, como foi a minha resiliência, em que me apoiei, o que aprendi, o que superei e em que me mudei, evoluí etc.):

1.

2.

3.

4.

5.

A afirmação de que a dor é um indicativo de desordem, mas não um veredito, está presente nos ciclos da minha vida no modo como eu:

SEJA A SUA
MELHOR VERSÃO

Quem elegeu a busca não pode recusar a travessia.[1]

Alfredo Bosi

PERGUNTAS PARA FAZER A SI MESMO

Quantas vezes você já ouviu ou leu esta afirmação: seja a sua melhor versão? Você já pensou de forma mais profunda no que ela significa? O que é ser a sua melhor versão? Vamos entender melhor isso? Vamos lá!

Sabemos que não nascemos "prontos", ou seja, sabedores de tudo e de nós mesmos. À medida que vivemos, nos descobrimos, assim como o mundo, as pessoas e o que tange à vida. Essas descobertas se dão por meio de aprendizados, vivências, estudos, leituras do mundo e do outro, observações, ponderações, tentativas e erros e toda a gama de experiências, sentimentos, percepções e de conhecimentos que nos vêm das mais variadas fontes.

Esse mosaico todo é que nos conduz à construção contínua e renovada de múltiplos conhecimentos e experiências que constituem os nossos repertórios, que são ampliados, aprofundados, revisitados e enriquecidos ao longo da nossa existência. E, claro, um desses repertórios (acervos) diz respeito ao autoconhecimento, pois é ele que nos propicia saber das nossas potencialidades, vulnerabilidades, talentos, anseios, posturas, comporta-

---

[1] BOSI, Alfredo. **Céu e inferno**: ensaios de crítica literária e ideológica. São Paulo: Duas cidades; 34, 2003 p. 45. (Coleção Espírito Crítico)

mentos, sentimentos, sensações, ações, reações... enfim, o autoconhecimento é umas das lentes que empregamos para identificar o nosso poder (no sentido que já dialogamos anteriormente) e as nossas limitações, as nossas barreiras. Isso porque o autoconhecimento é um observar-se aos poucos, contínua e profundamente, para nos encontrarmos com a nossa verdadeira natureza. Tal ação demanda de nós afetividade, espiritualidade, transcendência, fé, consciência, disposição e movimento para essa busca, entre outras ações, posturas, sentimentos e valores.

Mencionei consciência, não é? Pois bem, no contexto em que estamos dialogando neste momento, ela se liga a termos consciência de que somos seres em constante construção, evolução... É o que nos leva à busca pela superação, pelo alcance do que em nós é extraordinário, inclusive extraordinário para nós mesmos. Entende? Ora, se eu não sei quem sou, não sei o que há para além do que (re)conheço em mim em meu cotidiano. Se ignoro meu potencial, como vou trazer à tona o que há de melhor em mim? Se não reconheço minhas barreiras, com transpô-las? Enfim, se creio que sou apenas como me apresento no hoje, como despertar o que há de grandioso em mim? Ou ainda, como me tornar melhor?

Essas questões envolvem conceitos como superação, inspiração, coragem, (re)avivar-se, esforço, aprendizados, fé, autoconfiança... e tantos outros sobre os quais já refletimos aqui. Isso porque são conceitos que nos fazem considerar o que somos, como estamos e como nos colocamos no mundo, com o outro e com a nossa espiritualidade. Contemplação essa que nos encaminha para o entendimento do que nos é possível desenvolver no que nos é desejável e necessário.

Essa é, então, mais uma jornada interna, entre as tantas sobre as quais temos refletido e buscado compreender melhor aqui. Contudo, quero lhe chamar a atenção para um detalhe essencial: assim como as demais jornadas interiores, esta também não se faz só, pois não há demérito algum em buscarmos apoio, orientação e ajuda de pessoas que nos amam, vibram conosco e pelo nosso sucesso e de pessoas verdadeiras, sábias, humildes e generosas.

O que menciono tem muito a ver com uma sábia reflexão de Maulana Jalaladim Maomé (conhecido como Rumi) – poeta, jurista e teólogo sufi persa do século XII, que expressa muito bem essa questão do caminho trilhado por nós e que é compartilhado: "A sua estrada é somente sua. Outros podem acompanhá-lo(a), mas ninguém pode andar por você". Note, meu amigo, minha amiga, que a sua jornada interna é realizada por você, mas você pode ser acompanhado(a). O trilhar é seu, mas não precisa ser solitário.

Veja que interessante: tanto Bosi quanto Rumi nos trazem metáforas relacionadas a caminho, jornada: travessia (Bosi) e estrada (Rumi), e ambas expressam a busca (entre as várias que elegemos) da qual estamos falando aqui! Penso, então, que as respostas a esses questionamentos estejam nessas metáforas, no sentido de nos indicar ações, como: faça a sua travessia; caminhe em sua estrada rumo à sua busca interior, à sua evolução, à sua descoberta de si mesmo, de si mesma.

Agora sim podemos pensar juntos sobre perguntas que precisamos nos fazer sobre sermos a nossa melhor versão. Tais perguntas precisam nos estimular a ser melhores, pois não é qualquer questão que efetivamente nos guiará como ponto de referência dessa busca transformadora. Considere-as como a sua rosa dos ventos, que representa os sentidos fundamentais e intermediários de determinada localização e tem a função de nos orientar nesse sentido.

Selecionei nove perguntas fortes que podem lhe servir de guias para essa jornada. São elas:

- **Que tipo de pessoa eu quero ser?**
- **Por que desejo ser esse tipo de pessoa?**
- **Como posso me tornar esse tipo de pessoa?**
- **O que eu quero fazer?**
- **Por que eu desejo realizar isso?**
- **Como posso fazer isso?**
- **O que eu quero ter?**
- **Por que desejo ter isso?**
- **Como posso criar o que almejo?**

Observe que estas são questões fortalecedoras, pois lhe instigarão a pensar e, consequentemente, a identificar as formas pelas quais você pode mudar a si mesmo, a si mesma, para atingir seu potencial máximo em determinado momento da sua vida. Por que específico "em determinado momento da sua vida"? Porque, lembre-se, a nossa evolução é constante, a nossa vida se transforma e nos transforma.

Quero lhe chamar a atenção para outro ponto importante: leia novamente as perguntas e note que, em cada uma delas, o "eu" está presente. Relembre, então, de algo que já foi destaque do nosso diálogo: você é um ser único! Então, não se compare com outras pessoas. Por isso, o eu é o centro dessas perguntas-guia para a sua busca interior. Aqui, retomo o poeta Rumi, pois as pessoas que você escolhe para caminhar com você são coadjuvantes da sua jornada, quem é o protagonista dos seus passos é você. A única comparação permitida, portanto, é a de você com você mesmo, ou seja, você antes de sua travessia e você depois dela.

Entendermos que há um antes e um depois não significa, de modo algum, que devemos nos livrar de tudo que nos constitui até então, mas, sim, que reconheçamos o que em nós é bom e que pode e deve ser potencializado e até mesmo ressignificado. Assim, apenas o que for negativo ou que não contribua com a nossa transformação em um ser humano melhor deve ser descartado. Ou seja, preserve o que é positivo e deixe ir o que te limita, te condiciona e é negativo. Deste, do negativo, retenha apenas os aprendizados que você obteve.

E por falar em deixarmos ir o que nos limita, quero lhe deixar mais uma orientação que considero muito apropriada nesse sentido. Ela vem de Steve Jobs, do seu famoso discurso, realizado em 2005, aos formandos da Universidade de Stanford: "O seu tempo é limitado, então, não o desperdice vivendo a vida de outra pessoa (...). Não deixe o barulho da opinião alheia sufocar a sua voz interior."[2] Portanto, além de você não se comparar com ninguém, não deixe que a opinião alheia abafe ou cale a sua voz, o seu eu, nem tente viver uma vida que não é a sua. Valorize o tempo que você tem aqui para ser você, para ser a sua melhor versão.

Aproveito para lhe recomendar que assista integralmente ao discurso de Jobs, pois ele nos traz muitos bons pontos para reflexão ao relatar aspectos de sua trajetória de vida, como a sua persistência, o seu modo questionador e curioso de ser, a sua luta em busca do que acreditava, a sua intuição aguçada, a sua simplicidade, a sua forma de contemplar as coisas do mundo, as pessoas e a si mesmo, entre outros aspectos interessantíssimos.

Enfim, como você já deve ter notado, para ser a sua melhor versão, seja você mesmo, um ser em constante transformação buscando o melhor

---

[2] STANFORD. **Steve Jobs' 2005 Stanford Commencement Address**. YouTube, 12 jun. 2005. Disponível em: https://www.youtube.com/watch?v=UF8uR6Z6KLc. Acesso em: 28 dez. 2021.

de si; confie. Aliás, Jobs, nesse mesmo discurso, declara que precisamos confiar em algo ("destino, vida, carma, no que for"), pois é isso que faz a diferença em nossas vidas. Assim ocorreu na vida dele, pois ele é taxativo ao dizer à plateia que "acreditar que os pontos vão se conectar no caminho vai lhe dar a confiança para seguir seu coração, mesmo quando ele te levar fora do caminho padrão. E isso vai fazer toda a diferença."[3]

Outro aspecto presente no discurso de Jobs, com o qual me identifico, diz respeito a atravessarmos um período de crise (como já dialogamos aqui). Considero positivo trazê-lo para o nosso diálogo, pois, algumas vezes, você assim se sentirá ao buscar sua melhor versão: "Às vezes, a vida lhe bate na cabeça com um tijolo. Não perca a fé."[4] Ou seja, prossiga e creia! Esse fragmento do discurso de Jobs me fez lembrar de um trecho de *Grande sertão*: veredas, de Guimarães Rosa, dita pelo jagunço Riobaldo:

> O correr da vida embrulha tudo, a vida é assim: esquenta e esfria, aperta e daí afrouxa, sossega e depois desinquieta. O que ela quer da gente é coragem. O que Deus quer é ver a gente aprendendo a ser capaz de ficar alegre a mais, no meio da alegria, e inda mais alegre ainda no meio da tristeza! Só assim de repente, na horinha em que se quer, de propósito — por coragem. Será? Era o que eu às vezes achava. Ao clarear do dia.[5]

Gosto muito de trazer várias vozes para as nossas que se encontram aqui no diálogo que compartilhamos, pois saiba que a sua também se faz

---

[3] STANFORD. **Steve Jobs' 2005 Stanford Commencement Address**. YouTube, 12 jun. 2005. Disponível em: https://www.youtube.com/watch?v=UF8uR6Z6KLc. Acesso em: 28 dez. 2021.
[4] STANFORD. **Steve Jobs' 2005 Stanford Commencement Address**. YouTube, 12 jun. 2005. Disponível em: https://www.youtube.com/watch?v=UF8uR6Z6KLc. Acesso em: 28 dez. 2021.
[5] ROSA, João Guimarães. **Grande sertão**: veredas. Rio de Janeiro: Nova Fronteira, 1986. p. 278.

presente, pois essa é uma das mágicas da leitura, o encontro entre autor e leitor, visto que a leitura é interação, coprodução de sentidos e de efeitos, não é? É nesse encontro de vozes que podemos ampliar, aprofundar e enriquecer nossa visão ao estabelecermos relações entre uma diversidade de perspectivas, entendimentos, experiências e leituras de mundo. Eu fico imaginando as inúmeras leituras que você deve estar trazendo para esse nosso encontro, essa nossa troca de ideias e de reflexões.

Pois bem, Riobaldo também nos mostra as inconstâncias da vida e a sua dinâmica. Assim como expressa que, para atingirmos o nosso melhor nas "veredas" do nosso ser e da vida, precisamos de coragem, disposição para aprender (ação essa que é uma escolha: aprender ou não com as vivências boas e ruins, com nossos acertos e erros), ímpeto gerado pela alegria ("ainda que no meio da tristeza") e da fé para, assim, vivenciarmos cada um dos momentos e as novas experiências que vêm com eles.

Todo esse conjunto de características, elementos, ações, sentimentos, percepções, posturas e atitudes, além de nos conduzir à compreensão de quem somos e em quem temos potencial de nos tornarmos ao buscarmos o nosso melhor, leva-nos à coerência entre o nosso posicionamento no mundo e a nossa melhor versão, e ao nosso autoconhecimento, portanto. Aliás, este é um processo contínuo, pois evoluímos constantemente, o que me faz lembrar novamente de *Alice no país das maravilhas*, mais especificamente da conversa de Alice com uma lagarta. Reproduzo este pequeno trecho a seguir.

> A Lagarta e Alice olharam-se por algum tempo em silêncio. Por fim, a Lagarta tirou o narguilé da boca e disse, dirigiu-se a Alice com uma voz lânguida e sonolenta: — Quem é você?

> Não foi um modo muito encorajador de começar a conversa. Alice respondeu, um pouco acanhada:
> — Eu... Eu neste momento não sei muito bem, minha senhora... Pelo menos, quando acordei hoje de manhã, eu sabia quem eu era, mas acho que depois mudei várias vezes...
> — O que você quer dizer com isso? — perguntou a Lagarta secamente. —. Você não pode se explicar melhor?
> — Eu acho que não consigo me explicar, minha senhora, pois não sou mais eu mesma, como a senhora pode ver.
> (...)
> — Bem, talvez a senhora não tenha passado por isso ainda — disse Alice —, mas, quando a senhora tiver de se transformar numa crisálida e depois numa borboleta, como vai acontecer um dia, a senhora sabe, então eu acho que nesse dia a senhora vai achar a mudança um bocadinho esquisita, não vai?
> — Nem um pouco... — respondeu a Lagarta.
> — Bem, talvez a sua maneira de sentir as coisas seja diferente — disse Alice. — O que eu sei é tudo isso ia parecer muito esquisito para mim.
> — Para você? — disse a Lagarta com pouco-caso. — E quem é você?[6]

Perceba, meu amigo, minha amiga, como o diálogo da Lagarta com Alice está permeado da perspectiva existencialista, que está bastante presente

---

[6] CARROL, Lewis. **Alice no país das maravilhas.** Tradução: Nicolau Sevcenko. São Paulo: Cosac Naify, 2009. p. 53;56.

aqui em nossas reflexões. Somos seres em constante transformação, o que não impede, mas impele à contínua busca do autoconhecimento, não é?

De outro lado, quando você vai passando pelo processo de autoconhecimento, você se situa melhor no mundo. No meu caso, por exemplo, o que fiz de mais importante em minha vida e que veio com o meu autoconhecimento, com o meu crescimento como pessoa, foi aceitar o Senhor Jesus como Senhor e Salvador. Ou seja, foi quando me posicionei como filho de Deus e herdeiro do reino dos céus. Essa foi a primeira coisa maravilhosa que fiz em minha vida. Essa ação, identificação e reconhecimento me deram o passaporte para a eternidade.

Repito, isso foi maravilhoso para mim, foi uma verdadeira epifania que fortaleceu a minha relação, a minha ligação com o espiritual, com o divino, com Deus portanto, e, por consequência, comigo mesmo. Isso porque me trouxe profunda percepção, vivência, maior compreensão da essência de tudo e sensação de realização. Então, eu posso lhe dizer quem eu sou hoje: eu sou filho do Deus Altíssimo, feito à imagem e à semelhança dEle e que estará com Ele na eternidade. Esse sou eu no que me é essencial e essa é minha posição no mundo.

Assim sendo, conhecer-se profundamente e, daí, desenvolver-se, é entender quem é você e como você se posiciona no mundo e em relação à vida. Coloco-me novamente como exemplo para o nosso diálogo: eu, como sou cristão, tenho o objetivo de levar a palavra de Deus para o mundo nos diversos contextos da minha vida e em meu modo de agir. Veja, eu estou posicionado, esse sou eu. E você, quem é? Qual é o seu posicionamento no mundo? Esse condiz com a busca por sua melhor versão? Pense nisso, pois esses são questionamentos importantes quando nos envolvemos nesse processo.

CERQUE-SE DE **BOAS PESSOAS**

Por que eu estou trazendo esse aspecto novamente para o nosso diálogo sobre sermos a nossa melhor versão? É bem possível que essa seja uma indagação sua. Pois bem, eu o trago para que você não se esqueça de que somos seres gregários (vivemos em grupo, em sociedade) e de que não fazemos nada sozinhos, e isso inclui a nossa busca por sermos seres humanos melhores.

Em vários momentos das nossas reflexões, eu pontuo que precisamos buscar apoio, orientação, ajuda, parceria de pessoas dispostas e capacitadas a trilhar — mesmo que até um ponto — conosco o caminho dessa nossa preciosa busca. Portanto, como não fazemos nada sozinhos em nossa vida, essa também não é uma ação passível de ser realizada de modo solitário.

Assim sendo, precisamos dirigir o nosso olhar para um detalhe importante e necessário das nossas ações conjuntas, das nossas parcerias: a sinergia, porque, sem ela, estas (ações e parcerias) não se realizam efetivamente, pois não ocorre um esforço comum, ou seja, não há a cooperação, a soma entre todos os envolvidos. Aliás, o termo "sinergia" evoca esse sentido em sua etimologia grega *"synergía"*: cooperação, trabalho ou esforço coletivo — em que há, portanto, convergência — para a realização de algo com êxito.

Assim sendo, ninguém vence, alcança algo sozinho: não conseguimos criar e desenvolver um projeto, não construímos uma empresa, não constituímos família, não nos conhecemos e não nos transformamos sozinhos.

Isso me lembra o seguinte trecho de uma das obras do escritor português José Saramago, *O conto da ilha desconhecida*: "É necessário sair da ilha para ver a ilha, que não nos vemos se não nos saímos de nós, se não saímos de nós próprios".[7] O conto relata o intento de um homem que acredita existirem mais ilhas além da que ele habita e as já mapeadas. Para tanto, ele pede ao rei uma embarcação. Apesar de o rei não acreditar (assim como todos da ilha conhecida) na existência de outras ilhas, ele concede a embarcação para não ter ameaçadas a paz e a ordem de seu reinado em virtude da insistência do homem. Então, o homem segue viagem sem tripulação, embora desejasse ter uma, pois ele pensava no coletivo. Infelizmente, os marinheiros negaram-se a partir, pois estavam temorosos do desconhecido. De todo modo, o homem segue para sua jornada tendo apenas a valiosa companhia de uma determinada e firme mulher, que trabalha na limpeza do castelo e que também deseja sair em busca da ilha desconhecida (a nova descoberta almejada por ambos). Aliás, não é apenas o projeto em comum que une o homem e a mulher, mas a relação de amor que desabrocha entre os personagens. A jornada da busca pela ilha desconhecida se dá entre a realidade e o sonho...

Não vou lhe contar mais nada, ok?! Não quero lhe dar *spoilers* de detalhes emocionantes e interessantes da história, pois meu intuito não é esse, mas, sim, o de lhe trazer ideias, analogias, metáforas, simbologias que enriquecem o nosso diálogo, como a viagem (o percurso da descoberta, o autoconhecimento), a ilha (o centro espiritual primordial, aonde chegamos após termos concluído a nossa navegação), o mar (lugar de transformações, renascimentos; transitoriedade e ambivalência).

E você, o que acha? Há muitas ilhas desconhecidas em você? E por que é preciso sair da ilha para conhecê-las? Alguém a acompanhar sua jornada rumo à descoberta das suas ilhas desconhecidas faz a diferença ou não? O

---

[7] SARAMAGO, José. **O conto da ilha desconhecida**. Lisboa: Editorial Caminho, 1999. p. 27-28.

autoconhecimento (conhecermos as nossas ilhas) nos leva ao protagonismo da nossa vida?

O que posso lhe dizer é que rumar para a nossa melhor versão requer que tenhamos a consciência desses questionamentos, pois eu, você, todos nós somos ilhas desconhecidas não só entre nós, mas para nós mesmos. A saída da(s) ilha(s) é necessária para que vivamos o processo de conhecimento e de transformação, que é individual e intransferível, que não se dá pelo isolamento, mas é sustentado por relações interpessoais dotadas de sinergia.

Para tanto, precisamos buscar apoio, orientação, parceria, ajuda de pessoas que nos amem, vibrem conosco e pelo nosso sucesso, que compartilhem e se identifiquem com a mesma busca e que tenham sabedoria, humildade, determinação, força, sensibilidade e generosidade, pois é assim — acompanhados — que trilhamos nosso caminho, como nos orienta Rumi.

Agora, desejo pensar com você sobre a nossa ação de conectarmos pessoas que tenham um propósito. E por que isso é importante? Porque precisamos manter a chama acesa — a nossa e a das pessoas envolvidas. Para isso, precisamos conectar constantemente as pessoas em um propósito, não importa qual seja. Se você, meu amigo, minha amiga, tem uma empresa, se é alguém que busca empreender, desenvolver algum projeto, você precisa manter a chama sempre acesa, motivando as pessoas, mantendo-as entusiasmadas e vibrando positivamente para a concretização de seus propósitos.

Essa conexão precisa se dar de forma a orientar, capacitar as pessoas que por ela se irmanam e deve ser realimentada continuamente no sentido de lhes dar condições para se manterem conectadas, compartilhando a sua busca do propósito, do sonho que é de todos. Compreende? É a constância de ações coesas, coerentes e verdadeiras que fortalece os vínculos, os papéis de cada um do grupo e a identidade deste e de cada indivíduo que o compõe.

Por sua vez, a identificação orgânica de cada elemento do grupo com seu propósito movimenta essa rede, essa conexão, de modo que todos se mobilizam a buscá-lo de forma engajada, com motivação, espontaneidade, criatividade, persistência, encantamento e verdade, tendo aprendizados e experiências e compartilhando os passos desse caminho até colher os louros dessa jornada que transforma as vidas das pessoas envolvidas e das pessoas de seu entorno.

Aqui, não podemos nos esquecer que há também a presença da sinergia, pois juntos melhoramos a nós mesmos, onde estamos, e mudamos positivamente. Dizer-lhe isso me levou a lembrar de como Stephen Covey explica a sinergia, voltando-se para esta na natureza.

> Na natureza, a sinergia está em toda parte. Se você colocar duas plantas lado a lado, as raízes se misturam e melhoram a qualidade do solo, de modo que as duas plantas crescem melhor do que se estivessem separadas. Se você coloca duas peças de madeira juntas, elas aguentarão muito mais do que o peso suportado por cada uma individualmente. O todo é maior do que a soma das partes. Um mais um é igual a três ou mais.
>
> O desafio está em aplicar os princípios de cooperação criativa, aprendidos na natureza, em nossas relações sociais.[8]

Vejo que a conexão entre pessoas irmanadas na busca de um mesmo propósito tem grande potencial para que se estabeleça a sinergia tal qual a vemos na natureza, contudo — e concordo com Covey — não podemos perder tal aprendizado de vista ao aplicarmos os princípios dessa "cooperação criativa" em nossas mais diversas relações.

---

[8] COVEY, Stephen R. **Os 7 hábitos das pessoas altamente eficazes.** 52. ed. rev. e atual. Tradução: Alberto Cabral Fusaro *et al*. Rio de Janeiro: Best Seller, 2015. p. 341.

Pensar com você em sinergia, em cooperação criativa, também me fez lembrar de uma frase que certamente você conhece: "Diga-me com quem andas, que te direi quem és", que se tornou um provérbio bastante popular. Além de você poder encontrá-la expressada de diversas formas nos salmos e provérbios da *Bíblia*, como em *Provérbios 13:20, Salmos 1:1, 1 Coríntios 15:33*, ela se constitui em uma verdade incontestável, não é?

Algumas pessoas me perguntam o que eu acho dela e eu lhes respondo que é uma afirmação muito clara, muito coerente em sua mensagem e na verdade que expressa, pois se nos deixamos acompanhar por pessoas que vibram na negatividade e/ou que têm um pensamento fora de contexto, por exemplo, a tendência é de adotarmos — consciente ou inconscientemente — essa forma de ser, pensar e de estar no mundo.

Então, procure estar acompanhado de pessoas boas, sábias, com uma boa visão de mundo, com bons princípios, atitudes positivas e com bons propósitos, pois, assim, ocorrem trocas benéficas a todos e, portanto, dotadas de sinergia. Esta também é capaz de fazer o resultado dessa soma extrapolar para mais, ou seja, em que a soma 1 mais 1 terá como resultado 3. Isso porque as trocas, a "cooperação criativa" originadas de uma relação em sinergia, possibilitam novas ideias, novas combinações, novas perspectivas e novas ações.

DÊ ATENÇÃO AO SEU MARKETING PESSOAL

Retomo, aqui, a questão do marketing pessoal, por este ser uma ferramenta que nos permite desenvolver a nossa imagem profissional e pessoal. Logo, é algo importante em nossas relações, em nossas conexões dotadas de sinergia.

Segundo Philip Kotler (conhecido como o "pai do marketing"), o "Marketing Pessoal é uma nova disciplina que utiliza conceitos e instrumentos do Marketing em benefício da carreira e das vivencias pessoais dos indivíduos, valorizando o ser humano em todos os seus atributos, características e complexa estrutura."[9]

Você compreende, portanto, que você é a sua marca, o seu projeto? E que o marketing pessoal possibilita que você expresse, desenvolva e valorize seus atributos, suas características nos diversos contextos de sua atuação, de sua vida? Para tanto, você precisa investir, sim, em seu marketing pessoal, que se sustenta nestes três pilares:

➤ **SUA POSTURA** – envolve condutas, comportamentos, posicionamentos que você tem diante do que vivencia em sua vida nos diversos contextos, vínculos, papéis em que você atua e interage;

➤ **SUAS ATITUDES** – consiste em ações, gestos, atuação, maneira de ser e de proceder no mundo e na vida para consigo mesmo(a) e para com as pessoas. As suas atitudes precisam ser coerentes com a sua postura;

➤ **SUA COMUNICAÇÃO** – compreende a forma como você se expressa, empregando os diversos aspectos dos sistemas de linguagem que conhecemos e que fazem parte da comunicação humana (gestos, palavras, linguagem corporal, contato visual, tom de voz etc.). A comunicação impacta positiva ou negativamente nas relações interpessoais, seja no meio físico, seja no meio digital.

Perceba, portanto, meu amigo, minha amiga, a importância de você olhar para esses três pilares para construir e preservar a sua marca (*branding* pessoal). Aliás, o *personal branding*, em breves palavras aqui, é uma estratégia do marketing utilizada para a criação de autoridade e presença da

---

[9] KOTLER, Philip. **Administração de marketing**. 10. ed. São Paulo: Prentice Hall, 2000. p. 91

marca pessoal de um indivíduo. Ou seja, você é a sua marca. Daí a importância de investir, por meio do marketing pessoal, na percepção pessoal que as pessoas, o mercado e o entorno têm de você. Nesse sentido, trago a conhecida frase de Jeff Bezos, CEO da Amazon, que identifica muito bem o que é o *branding* pessoal: "Sua marca pessoal é o que as pessoas dizem sobre você quando você não está na sala." Logo, tem a ver com sua autenticidade, seu valor, seus princípios, sua postura, suas atitudes e, portanto, com o que você é e reflete no mundo e para as pessoas.

SABEDORIA, COMPREENSÃO, ENTENDIMENTO E DISCERNIMENTO

Essas qualidades e aptidões que destaco aqui são essenciais para o processo de busca e de desenvolvimento da nossa melhor versão. Perceba que, para avançar nesse processo, contemplando os vários aspectos nele implicados e sobre os quais dialogamos até o momento, é preciso que tenhamos sabedoria, compreensão, entendimento e discernimento.

A capacidade de compreensão relaciona-se com a nossa busca por entender algo, uma situação, um ato, uma emoção, um contexto, uma pessoa etc. de forma mais profunda, ampla, integral, para que possamos chegar a uma interpretação fundamentada e apoiada no discernimento. E o que é o discernimento?

O discernimento diz respeito à nossa capacidade de separar o que nos agrega valor do que não nos agrega valor, o que nos gera segurança do que provoca incerteza; de distinguir o que é certo do errado, portanto, de identificar o que nos leva ao caminho certo e o que nos corrompe; de reconhecer o que nos traz felicidade e o que nos provoca tristeza; de avaliar algo — inclusive pessoas — com bom senso, fundamento e clareza, portanto. Compreenda, então, que tão importante quanto alimentar o seu corpo é você saber o que precisa dispensar, não aceitar, não trazer para si. Assim sendo, sempre balize o que vale à pena para você e o que não vale.

A sabedoria é a qualidade, a habilidade mais importante que você pode desenvolver para que alcance ótimos resultados em sua vida, pois, além da compreensão e do entendimento, ela nos conduz ao discernimento.

Esse mosaico de capacidades compõe a sabedoria, qualidade extremamente valiosa de uma pessoa. Aliás, o reconhecimento da representatividade da sabedoria e do entendimento (caporiginado da sabedoria) para o indivíduo foi registrado há 3.000 anos pela declaração de um grande e sábio rei, o rei Salomão. Em seus provérbios, ele pede sabedoria, como em *Provérbios 3:13:14:15*.

13 Feliz é o homem que acha sabedoria, e o homem que adquire entendimento;

14 pois melhor é o lucro que ela dá do que o lucro da prata, e a sua renda do que o ouro.

15 Mais preciosa é do que as joias, e nada do que possas desejar é comparável a ela.[10]

---

[10] BIBLIA. Português. **Bíblia sagrada**. Tradução: Ferreira de Almeida. [S.l.]: LCC Publicações eletrônicas. Provérbios, 3:13, 14, 15. p. 1.739. Disponível em: http://www.ebooksbrasil.org/adobeebook/biblia.pdf. Acesso em: 31 dez. 2021.

Perceba o quanto o rei Salomão considera preciosa a sabedoria e como ele a envolve com o entendimento, pois só conseguimos avaliar bem, ter um parecer, uma avaliação, uma concepção adequada de algo se nos balizarmos pela sabedoria, pois é ela que transforma, por exemplo, uma pessoa jovem e inexperiente em uma pessoa com muito resultado.

Isso porque um dos aspectos da sabedoria é o alinhamento do indivíduo às leis universais do sucesso, que são, como nos indica Brian Tracy em seu livro *As leis universais do sucesso*[11]: a **lei de causa e efeito** (a toda ação corresponde uma reação similar), a **lei da busca** (o esforço contínuo leva ao resultado almejado), a **lei do controle** (o controle advém da responsabilidade assumida), a **lei da crença** (acreditar verdadeiramente), a **lei da expectativa** (a confiança no desejo e no sonho os torna realizáveis), a **lei da supercompensação** (a semeadura e a colheita) e a **lei da atração** (conexão entre mente e universo por meio dos pensamentos).

Além dessas, há as leis universais do Criador, nas quais eu também acredito, e que levo para todos os campos da minha vida. O que eu observo a esse respeito é que, ao estarmos alinhados com elas, conseguimos alcançar o melhor desse mundo. Daí a importância de buscarmos continuamente a sabedoria, a compreensão, o entendimento e o discernimento.

Ora, se sintetizarmos a sabedoria como a capacidade que uma pessoa tem de ler contextos e, a partir de tal leitura, saber neles se posicionar e discernir o que e quem compõe esses contextos, temos aí características que devem estar presentes em quem exerce liderança em um grupo, projeto, empresa.

---

[11] TRACY, Brian. **As leis universais do sucesso**. São Paulo: Sextante, 2009.

Aliás, todas as pessoas precisam ser sábias, saber ler contextos, ter posicionamento e discernir o que lhes é apresentado, mas um líder precisa ter tudo isso muito desenvolvido porque ele trabalha com duas grandes áreas, que são a psicologia e a administração; ambas envolvem o humano. A psicologia oferece ferramentas para que o líder possa lidar melhor com os diversos tipos de perfis de pessoas para, assim, extrair o melhor delas; a administração disponibiliza instrumentos para a gestão de atividades, metas, objetivos, relações interpessoais, entre outros aspectos.

Então, se considerarmos a busca por nossa melhor versão no âmbito pessoal e profissional da vida, compreendemos que essas características e capacidades se fazem necessárias. Até porque o papel de liderança que pode ser realizado por uma pessoa não se restringe ao âmbito corporativo, não é?

E o que mais podemos contemplar em nosso diálogo sobre sabedoria? Ora, que ela exige de nós, além da compreensão e do discernimento, o equilíbrio e a perseverança, um bom potencial de resiliência e a humildade para desenvolvê-la continuamente.

Não sei a você, mas isso me fez recordar a fábula *A samambaia e o bambu*. Veja novamente como tudo se encaixa! A sabedoria nasce de dentro para fora. É possível vermos isso nos detalhes da natureza: o broto do bambu rompe a semente para, então, crescer; a borboleta tem de romper sozinha o seu casulo após sua metamorfose se completar; a ostra transforma um simples grãozinho de areia que lhe penetra e machuca em uma maravilhosa pérola... A sabedoria é um processo que se dá no interior a partir do que vivemos, sentimos, conhecemos, cremos, criamos e desenvolvemos no contínuo das nossas vidas.

O QUE É SER SUA MELHOR VERSÃO?
QUE TAL VOCÊ PENSAR NESSA PERGUNTA
TENDO VOCÊ COMO FOCO?

Meu amigo, minha amiga, refletimos juntos sobre os vários aspectos de buscarmos ser a nossa melhor versão, certo?

Agora, eu proponho que você olhe para si no sentindo de observar vários aspectos da sua busca por essa versão e qual o sentido de você buscar ser sua melhor versão.

Então, reserve mais um momento para o encontro com você.

Abraço,
José Paulo

Eu: _____

Coloque o seu nome. Olhe para você!

Para mim, ser a minha melhor versão é:

**Noto que, de maneira especial, a minha busca
por ser uma pessoa melhor envolve:**

1. minha vida pessoal;

2. minha vida profissional;

3. minha qualidade de vida;

4. preservar/alimentar minha espiritualidade;

5. aprender algo totalmente novo e complexo para mim.

1.

2.

3.

4.

5.

Criada por Paul J. Meyer, em 1960, a **Roda da Vida** é uma ferramenta simples e holística que oferece *insights* muito ricos para aprofundar o autoconhecimento, identificar prioridades, traçar planos e metas futuros, buscar o equilíbrio e a sua melhor versão nas várias áreas da vida. A **Roda da Vida** é uma "fotografia" de aspectos da vida de uma pessoa em determinado momento, pois mostra a quais deles ela deve dar mais importância para alcançar o equilíbrio e as realizações almejadas.
Entre essas realizações, a de ser melhor, de evoluir como pessoa.

Como fazê-la:
Avalie o grau de atenção que você tem dado a cada aspecto de uma área da sua vida e marque um "X" no número correspondente (zero no centro; 10 na borda circular). Desse modo, cada aspecto ganha uma nota que indica o quanto você tem dado importância a ele em seu cotidiano.

Preenchendo a minha Roda da Vida:

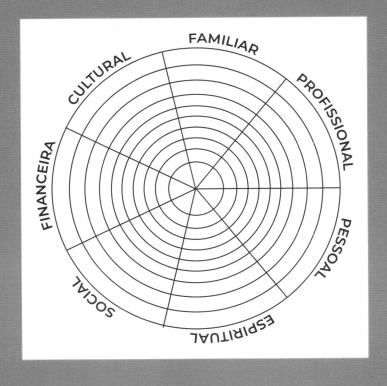

Depois de concluir o preenchimento da minha **Roda da Vida**
e refletir sobre o que ela me mostra, consigo traçar um plano,
um caminho para buscar o equilíbrio necessário para que eu possa
conquistar o que almejo e necessito em minha vida e para que, assim,
eu possa ser também a minha melhor versão.

Meu plano contempla:

"Quem elegeu a busca não pode recusar a travessia."
Alfredo Bosi

**Considero que essa frase tem tudo a ver com
a minha busca por ser uma pessoa melhor porque:**

**Não identifico essa frase com minha busca
por ser uma pessoa melhor porque:**

**O autoconhecimento é essencial para que eu desenvolva
minha melhor versão, pois ele possibilita:**

**Sei que o autoconhecimento requer de mim afetividade,
espiritualidade, transcendência, fé, consciência, disposição
e movimento para essa busca, entre outras ações, posturas, sentimentos e
valores. Eu consigo percebê-los bastante presentes em minha intenção e nas
ações de me conhecer e me transformar continuamente, pois:**

Em meu dia a dia, eu me esforço para transpor minhas barreiras, minhas vulnerabilidades, para conseguir me superar. Entendo que, dessa forma, eu:

Para trazer à tona a minha melhor versão, eu olho de forma positiva as dificuldades pelas quais passei/passo porque:

Para trazer à tona a minha melhor versão, eu percebo e cuido dos meus pensamentos, pois:

Para trazer à tona a minha melhor versão, eu ressignifico o que não foi bom para mim. Ou seja, deixo ir e lembro apenas do aprendizado e não da dor, porque sei que essa atitude me leva a:

Ao lembrar de mim há um ano e me observar agora, vejo que sou melhor nestes aspectos:

Em minha jornada interior, fui e/ou tenho sido acompanhado(a) por pessoas que:

Estes são alguns dos passos que tive de dar de modo diferente para chegar a um novo e almejado resultado sobre mim mesmo(a):

As minhas respostas às nove perguntas que me instigam a pensar e, consequentemente, a identificar como posso continuar a me mudar e, assim, atingir meu potencial máximo neste momento da minha vida:

1. que tipo de pessoa eu quero ser?

2. por que desejo ser esse tipo de pessoa?

3. como posso me tornar esse tipo de pessoa?

4. o que eu quero fazer?

5. por que eu desejo realizar isso?

6. como posso fazer isso?

7. o que eu quero ter?

8. por que desejo ter isso?

9. como posso criar o que almejo ter?

"O seu tempo é limitado, então, não o desperdice vivendo a vida de outra pessoa (...). Não deixe o barulho da opinião alheia sufocar a sua voz interior." Steve Jobs

Eu pratico o conselho de Jobs em minha vida e o faço da seguinte forma:

"Às vezes, a vida lhe bate na cabeça com um tijolo. Não perca a fé." Steve Jobs

Assim eu me vejo e me sinto em mais esse conselho deixado por Jobs:

MOSTRE SEU VALOR

O tempo é um rio que corre
A cada dia, mesmo sem saber, sem querer, estamos nos criando.
Ninguém pode nos dizer que será fácil.
O fácil pode ser desinteressante, e merecemos, ao menos alguma vez,
fazer, querer, ser, o interessante, o audacioso, apesar dessa incrível
sensação de fragilidade que nos acompanha[1].

Lya Luft

RECONHEÇA E TRANSFORME O SEU DOM

De forma belíssima e poética, a escritora brasileira Lya Luft nos lembra do processo contínuo de nos desenvolvermos, de nos criarmos no sentido em que temos dialogado aqui: de transformação, de evolução, de amadurecimento e, claro, de autoconhecimento. Ela também nos recorda o quanto o fácil pode ser insípido e reforça que esse processo de criação não é fácil, como temos refletido aqui, não é? Por isso escolhi esse fragmento de *O tempo é um rio que corre*.

Eu também me identifiquei muito com o que Lya declara sobre merecermos, "ao menos alguma vez, fazer, querer, ser, o interessante, o audacioso"[2], embora sintamos (apesar de não querermos) nossa fragilidade a nos acompanhar. Ou seja, sentir e saber das nossas fragilidades

---

[1] LUFT, Lya. **O tempo é um rio que corre.** Rio de Janeiro: Record, 2014. p. 12
[2] LUFT, Lya. **O tempo é um rio que corre**. Rio de Janeiro: Record, 2014. p. 122.

e vulnerabilidades não são fatores que nos impeçam de almejar, sonhar, fazer e ser o "interessante, o audacioso".

Brown nos relata que:

> Mesmo aqueles que aprenderam a se render à alegria e abraçar a experiência não estão imunes aos tremores incômodos da vulnerabilidade que muitas vezes acompanham os momentos felizes. Eles apenas sabem usá-los mais como um lembrete do que como um sinal de advertência. O que descobri na pesquisa foi que é a natureza dessa lembrança que faz toda a diferença: para quem abraça a experiência, o tremor da vulnerabilidade que acompanha a alegria é um convite para a prática da gratidão, para o reconhecimento de como somos gratos pela existência de uma pessoa querida, pela beleza da natureza, pelos vínculos ou simplesmente pelo momento que está diante de nós[3].

Perceba, então, em ambas as autoras, a compreensão de que há a mescla da alegria com a vulnerabilidade, da alegria com a gratidão, da fragilidade com a audácia, do merecer com o querer. Mesclas essas presentes em nossas vidas, vínculos, vivências, percepções, ações, reações... em nós. Ao entendermos isso, aprendemos e conseguimos lidar melhor com essas nuances.

Talvez você esteja se perguntando: Ok, compreendo, mas o que isso tem a ver com reconhecer, mostrar e transformar o meu dom? Tem tudo a ver! Ora, se somos seres em constante transformação, o nosso dom tam-

---

[3] BROWN, Brené. **A coragem de ser imperfeito**: como aceitar a própria vulnerabilidade, vencer a vergonha e ousar ser que você é. Tradução: Joel Macedo. Rio de Janeiro: Sextante, 2013. p.75-76.

bém o é. Porém, para que também essa metamorfose se dê, é preciso que primeiro você descubra — em Deus, ou seja, em sua fé e espiritualidade — qual é a sua missão aqui na Terra e qual é o dom que Deus lhe deu. Há pessoas que vão para o túmulo sem identificar ambos: missão e dom, ou até mesmo sem saber o que os caracteriza.

Pois bem, a missão diz respeito ao propósito de vida de uma pessoa, ou seja, relaciona-se com o que ela intenciona deixar como legado para as próximas gerações, para o mundo, portanto. Logo, a missão expressa como e pelo que o indivíduo deseja ser lembrado. Assim sendo, é a nossa missão que nos inspira, motiva e guia rumo a realizações que farão a diferença em nossa trajetória de vida e na das pessoas com as quais nos relacionamos e, consequentemente, nos projetos de que participa.

O dom é um talento natural de uma pessoa. Em sua etimologia latina (*donum,i*), a palavra significa "oferenda dos deuses", refletindo, portanto, o significado de aptidão natural para realizar algo como uma dádiva, um presente dado por Deus – ou como você O chame. Portanto, os dons são múltiplos. Algumas pessoas vieram para a Terra para pintar, curar, ensinar, criar algo que mude a vida das pessoas e do mundo.

Assim sendo, ao orar a Deus, coloque-se na presença Dele e lhe pergunte: Senhor, qual é o dom que o Senhor me deu para que eu sirva o mundo? A primeira coisa é você descobrir o seu dom para, então, ofertá-lo ao mundo. Em outras palavras e detalhando um pouquinho mais essa afirmação, é essencial que (re)conheçamos e mostremos nosso dom ao mundo, às pessoas e a nós mesmos (tenhamos consciência dele, saibamos a nossa missão, conheçamos, portanto, o nosso dom e a nós mesmos).

Além dessas ações primordiais, é preciso que também estejamos conscientes de que a riqueza das mesclas, sobre as quais dialogamos anteriormente (expressadas por Brown e Luft, cada uma a seu modo), estarão presentes em nossos dias. Isso porque elas nos preparam não só para viver e atravessar cada dia, assim como nos preparam para não renunciarmos esta (mais essa!) busca: reconhecer e transformar o nosso dom.

Para isso, precisamos rememorar mais um ponto importante: o de que somos minicriadores, pois somos a imagem e a semelhança do grande Criador. Assim sendo, se temos o potencial criativo, temos um dom, ou seja, um potencial inato, um talento natural extraordinário para criar coisas maravilhosas.

Veja, meu amigo, minha amiga, que esse entendimento nos leva a outro que nos faz mudar nossa percepção do que é pobreza, pois ela não é a falta de recursos, mas, sim, de criatividade. Não faltam recursos naturais no mundo, mas há carência de criatividade.

Para evitar qualquer tipo de equívoco, quero destacar que não estou limitando a existência da criatividade ao fato de sermos municiadores, pois esse é um dos princípios da criatividade, visto que esta também se estabelece pelo preparo e pelo desenvolvimento. Assim sendo, eu sempre digo que você pode nascer com um dom grandioso, mas ele precisa ser desenvolvido, lapidado para que você o realize em todo o seu potencial e, com isso, atinja excelentes resultados e se realize como pessoa e como profissional.

Logo, não basta que você tenha um dom, mas você precisa se preparar, estudar, desenvolver-se de modo a transformar o seu dom em algo real em sua vida e, por extensão, na vida das pessoas. Por exemplo, uma pessoa que tenha uma voz maravilhosa só poderá se tornar cantora se estudar canto, trabalhar e desenvolver a sua voz em todo o seu grande potencial; uma criança que demonstre grande sensibilidade aliada a habilidades para o desenho se tornará um(a) pintor(a) se estudar desenho, se praticá-lo, se tiver acesso às suas várias técnicas e se der vazão à sua criatividade e imaginação.

Temos incontáveis exemplos de dons sendo realizados de forma extraordinária e com transposição de barreiras. De imediato, vieram-me cinco deles para compartilhar com você: o primeiro deles é o do maestro e pianista João Carlos Martins, considerado o maior maestro brasileiro. Nem mesmo a séria e limitadora doença chamada Contratura de Dupuytren o afastou de seu trabalho e execução do seu dom. O segundo, do físico e cosmólogo britânico Stephen Hawking, considerado um dos mais renomados físicos do século XX, que não deixou que o seu dom fosse paralisado pela esclerose lateral amiotrófica; o seu corpo o foi, mas seu dom para a ciência não. O terceiro deles, o do grande mestre do barroco mineiro, Aleijadinho – Antônio Francisco Lisboa –, escultor e entalhador que, pela expressividade, intensidade e magnitude de suas obras, tornou-se marca da história da arquitetura do Período Colonial do nosso país, que continuou a fazer a sua arte, o seu dom, mesmo sofrendo de uma doença que atingiu suas articulações, limitando a movimentação de seus pés e de suas mãos. O quarto exemplo é o de Carolina Maria de Jesus, escritora brasileira, que mesmo tendo muito pouco acesso à instrução e precisando trabalhar como empregada e catadora de papel para sustentar sozinha seus filhos, conseguiu dar vazão ao seu encantador dom de escrever. Tanto o é que o conjunto de sua obra, que relata o cotidiano da favela e a sua realidade nela, é reconhecidíssimo em nossa literatura. E, por fim, o exemplo do grande compositor alemão Ludwig von Beethoven que, progressivamente, foi perdendo a audição quando adulto, e não deixou que isso roubasse o exercício do seu dom, pois continuou a compor, lançando mão de sua memória auditiva, compondo suas peças em sua mente.

Nesses exemplos, vemos claramente e em essência o que dialogamos sobre o que expressaram Lya Luft e Brené Brown: as mescla das nuances mencionadas por elas, a força do querer, a alegria do fazer e do viver o dom, a audácia da transposição da fragilidade (mesmo a reconhecendo), o autoconhecimento, pois todos eles precisaram se conhecer muito bem para continuar em seu propósito, expressando seu valor e o do seu dom, reconhecendo-o como tal e transformando-o.

Também podemos perceber o que dialogamos sobre o real significado de pobreza, bastante patente na história de Carolina Maria de Jesus, que sofreu com a falta de recursos financeiros adequados para a sua subsistência e a da sua família, mas foi rica em criatividade, em acreditar, conhecer e expressar o seu dom.

Perceba, então, como são essenciais as ações de (re)conhecer e de transformar o seu dom para exercê-lo plenamente, mostrá-lo para as pessoas, para o mundo. Desse modo, você mostrará também o seu valor e o valor do seu dom, pois este, advindo de uma pessoa positiva, emanará coisas boas onde quer que esteja presente. Portanto, as ações de reconhecer e transformar desencadeiam outra: a de dar destaque, fazer brilhar o seu dom aos olhos do mundo. Logo, fica muito claro o porquê de tudo isso perpassar a questão do autoconhecimento, não é mesmo?

Você já assistiu ao filme *De porta em porta*? Eu me lembrei dele agora! O filme é baseado na história real de Bill Porter, que nasceu com paralisia cerebral, ocasionando limitação de seus movimentos e da fala. O grande sonho de Bill era ser vendedor como seu falecido pai. Mesmo recebendo reiteradas respostas negativas, ele não se deu por vencido. Após muita insistência, pois Bill era muito resiliente, e tendo o incentivo e o apoio da mãe, ele conseguiu convencer o empregador a lhe dar a vaga de vendedor na Watkins Company, propondo-se a atuar na pior rota, aquela que vendedor algum desejava fazer. Por causa de sua aparência e de seu modo "estranho" de falar e de andar, Bill sofreu preconceito e rejeição: na entrevista para a vaga de emprego, nos contatos com os clientes que visitava... Contudo, ele não se deixou vencer e não se esqueceu jamais do que sua mãe o ensinou: ser persistente e ter paciência. Gradativamente, Bill conquistou a confiança, o respeito e a amizade dos clientes, tornando-se um vendedor competente e querido por todos. Bill cativou as pessoas e conquistou o sonho de ser um grande vendedor, sendo reconhecido com o prêmio de melhor vendedor do ano (1989) da Watkins. Mesmo tendo dificuldade para andar, durante 40 anos, Bill caminhou diariamente 16 quilômetros para exercer seu trabalho. Que história, não é? Veja como Bill transpôs difíceis barreiras para exercer e mostrar seu dom e o seu valor ao mundo. Assim como confiou e persistiu, acolheu o apoio e o incentivo de sua mãe sempre presente, reconheceu o seu valor e colocou seu dom no mundo e para o mundo. Em 2013 Bill faleceu, aos 81 anos, totalmente realizado.

Essa é mais uma história que evidencia que não importam as fragilidades, as barreiras, as tristezas e as limitações de toda ordem, se tivermos a fé, a força do querer realizar, a alegria da gratidão por estarmos aqui na Terra para realizar e viver a nossa missão, o nosso dom, e buscarmos o autoconhecimento que nos sustenta para tudo isso (e muito mais!).

Dessa forma, você será "você", fazendo o que quer e acredita e o que você foi feito para ser e realizar, seja sentindo suas fragilidades, seja vivendo seu potencial, pondo o quanto você é em cada pequenina ação sua.

ENTENDA QUEM VOCÊ É

Esse é um princípio básico para tudo que nos envolve e, no que tange a mostrar o seu valor e o seu dom ao mundo, ele é primordial, razão pela qual considero válido dialogarmos um pouco mais sobre essa ação, ou seja, entender quem você é.

Vamos imaginar um baú cheio de diamantes no fundo do mar e que ninguém sabe de sua existência. Qual é o valor desse baú? Nenhum, pois ninguém sabe da sua presença. Agora, pense que esse baú é você e que você guarda diamantes diversos: o seu eu, a sua fé, a sua espiritualidade, as suas características, o seu potencial, as suas vulnerabilidades (também são diamantes a serem lapidados, não é?), a sua missão, os seus sonhos, o seu dom. Você compreende que, se esse tesouro permanecer inexplorado e ignorado por você e pelo mundo, ele não tem valor algum? Daí a necessidade de você compreender quem você é para se colocar no mundo e com as pessoas, expressar seu valor e o seu dom.

Talvez você esteja se perguntando o que é preciso expressar. Pois bem, você precisa trazer para fora quem é você: a sua integridade, o seu potencial, o que você consegue fazer, os seus diferenciais, o que e como você pode agregar coisas boas na vida das pessoas, qual é o seu propósito, que sonho(s) você tem, qual é o seu dom... Desse modo, você estabelece boas e positivas conexões com as pessoas. Para tanto, o autoconhecimento é a chave e é o ponto de partida. Isso porque ele antecede os compartilhamentos que realizamos com as pessoas com quem interagimos. Na prática, em nossas vidas, percebemos isso, não é?

Aliás, esse é um ponto contemplado por Stephen Covey ao abordar o quinto hábito ("Procure primeiro compreender, depois ser compreendido"), exposto em *Os 7 hábitos das pessoas altamente eficazes*, em que, entre vários aspectos, ele destaca a relevância e o poder da escuta empática e, claro, que esta (como tudo em nós, em nossas atitudes e em nossas relações) demanda o autoconhecimento. Isso porque é preciso que saibamos quem somos para nos abrirmos para tal escuta (compreender) e para sermos escutados (sermos compreendidos), (re)conhecidos em nossas conexões e para que estas sejam vias de mão dupla de compartilhamentos, aprendizados, apoio, crescimento e de evolução.

Achei tão interessante o olhar de Covey a respeito, que compartilho com você breve trecho de sua exposição:

> Como a verdadeira compreensão faz uma grande diferença! Todos os bons conselhos do mundo somados não valem nada se a pessoa passar ao largo do verdadeiro problema. E você nunca chegará ao problema se ficar preso à sua autobiografia, a seus paradigmas, se não tirar seus óculos pelo tempo suficiente para ver o mundo de um outro ponto de vista[4].

Perceba como há interconexão entre o autoconhecimento, o compartilhar, a compreensão mútua, o expressar-se, a abertura para outras visões de mundo, a empatia, o real envolvimento com o que e com quem

---

[4] COVEY, Stephen R. **Os 7 hábitos das pessoas altamente eficazes**. 52. ed. rev. e atual. Tradução: Alberto Cabral Fusaro *et al*. Rio de Janeiro: Best Seller, 2015. p. 326.

nos relacionamos... Enfim, observe como vários fatores se envolvem e é em meio a eles que nos colocamos no mundo, com o outro e somos nós, em nossa evolução, na realização do nosso dom e sabedores do nosso valor, colocando-o no mundo.

A esses fatores acrescento a fé, pois ela faz parte dessa interconexão, como temos observado juntos em todos os momentos do nosso diálogo. A essencialidade da fé, nesse movimento que fazemos do interior para o exterior, é reconhecida por Stephen Covey, que cita as palavras de Ezra Taft Benson sobre isso.

> O Senhor trabalha de dentro para fora. O mundo trabalha de fora para dentro. O mundo tira as pessoas das favelas. Cristo tira as favelas de dentro das pessoas, e depois elas mesmas saem das favelas. O mundo molda o homem, mudando seu meio. Cristo muda o homem, e depois muda o meio. O mundo determina o comportamento humano, mas Cristo pode mudar a natureza do homem.[5]

Portanto, repito, não deixe de preservar a sua fé — seja uma pessoa espiritualizada —, pois a mudança é gerada a partir dela.

AONDE VOCÊ QUER CHEGAR?

Apesar de já termos dialogado sobre a importância de sabermos aonde queremos chegar para, então, traçarmos metas e projetarmos nosso roteiro de buscas (as tantas sobre as quais já dialogamos), ava-

---

[5] COVEY, Stephen R. **Os 7 hábitos das pessoas altamente eficazes.** 52. ed. rev. e atual. Tradução: Alberto Cabral Fusaro *et al.* Rio de Janeiro: Best Seller, 2015. p. 392.

lio como bastante relevante lhe fazer essa pergunta neste momento das nossas reflexões, pois, como vimos na conversa do Gato com Alice, em *Alice no país das maravilhas*, se o destino não importa, não é necessário saber que rota seguir. Então, nunca deixe de se perguntar aonde você quer chegar.

À medida que sabemos onde desejamos chegar, tomamos consciência do nosso potencial. Pois bem, imagine que um rio foi represado para a construção de uma hidrelétrica. Portanto, ele não flui, não chega ao seu destino e tem a sua energia estagnada, parada. Essa energia é chamada de energia potencial. Quando em movimento, há a energia cinética.

Conosco é a mesma coisa: temos muita energia potencial e, para que ela se torne cinética, flua, é preciso que façamos o que gostamos, em um lugar de que gostamos, envolvidos em projetos com os quais nos identifiquemos, realizemos o nosso desígnio, o nosso dom aqui na Terra sem, portanto, perdermo-nos em nossa trajetória, em nossa travessia pela busca que elegemos. Ou ainda, reconhecermos, darmos valor para onde estamos, com quem estamos, a nós e ao caminho que estamos percorrendo, como o leito do rio. Portanto, deixe-se fluir, permita que a energia cinética que há em você preencha e extravase do seu interior e siga seu curso.

Uma das formas de não impedir isso, portanto, de não sermos levados à estagnação, é evitarmos viver no piloto automático. E o que é o piloto automático? Pois bem, vou utilizar um exemplo para lhe explicar. Quando você pega o seu carro e o guia para algum lugar, dirigindo sem prestar atenção no percurso, na forma como você dirige, sem desfrutar da viagem, você está dirigindo no piloto automático.

Trazendo esse raciocínio para as nossas vidas, vemos que a maioria das pessoas acorda, vai trabalhar e os pensamentos que tem, no momento presente, são em média 80 a 85% dos que tiveram ontem, ou seja, a vida delas é uma repetição de ideias, que, muitas vezes, gera confusão em suas vidas. Isso é estar no piloto automático.

Muitas vezes, damo-nos conta de que estamos no piloto automático quando passamos por qualquer intercorrência interna ou externa. Ora, assim é no trânsito, como na analogia que eu lhe trouxe aqui: damo-nos conta de que estávamos dirigindo no piloto automático quando o trânsito para ou temos um susto e precisamos frear rapidamente. Até então, seguíamos no piloto automático. Portanto, meu amigo, minha amiga, não se deixe ficar no piloto automático.

Em *Transforme seus sonhos em vida*: construa o futuro que você merece, o neuropsicólogo Eduardo Shinyashiki questiona em que momento abandonamos o nosso projeto de vida ligado, portanto, à nossa essência, à nossa missão e ao que nos faz sentir vivos, estimulados e importantes[6]. A reflexão de Shinyashiki que acompanha esse questionamento nos fala do piloto automático:

> Em vez de viver a vida, somos envolvidos passivamente pelos acontecimentos dela. Assim, não estamos na plenitude da existência, mas em uma ladainha monótona, repetitiva, superficial, cansativa, que se resume apenas a uma soma de compromissos, em um ritmo frenético, que não nos deixa felizes.
>
> Viramos, sem perceber, "tarefeiros" que se afogam nas obrigações cotidianas. Estamos apenas com o "piloto automático" ligado[7].

---

[6] SHINYASHIKI, Eduardo. **Transforme seus sonhos em vida**: construa o futuro que você merece. São Paulo: Gente, 2012. p. 4.

[7] SHINYASHIKI, Eduardo. **Transforme seus sonhos em vida**: construa o futuro que você merece. São Paulo: Gente, 2012. p. 4.

Você consegue se imaginar descobrindo o seu dom e o compartilhando com mundo se estiver com o piloto automático ativado? Não, não é?! Impossível! Não há como fazer isso de forma mecânica, repetitiva, sem atenção plena, intencionalidade e envolvimento real e dinâmico.

Por outro lado, quero ressaltar que há atividades que realizamos que precisam ser realizadas no piloto automático, pois essa é uma função do nosso cérebro que nos permite agir e decidir coisas simples em menos tempo, como o menu do almoço, a roupa para ir ao trabalho, fazer o café da manhã etc. Então, o piloto automático é algo ruim apenas se o acionarmos em tempo integral e para tudo em nossa vida; ele só é negativo se não discernirmos quando e para que nos colocar sob esse comportamento, o que nos impedirá de nos aprofundar, crescer, nos conhecer, nos expressar efetivamente, focalizar e viver o aqui e o agora e, claro, reconhecer o nosso dom e o nosso valor.

Assim sendo, atente-se a essa condição, a essa necessidade de discernir sobre quando e para que agir no piloto automático, para que você viva plenamente o momento presente da sua vida.

Portanto, sendo o agora valioso para nós, quanto mais estivermos concentrados nele, mais viveremos plenamente, pois, segundo o autor, o presente é o espaço no qual toda a nossa vida se processa[8]. Então, viva o seu presente e tenha sempre o discernimento do que fazer ou não no piloto automático. Como você deve ter percebido, não se submeta a este no que lhe é significativo, profundo, valoroso e demanda sua abertura, ação, postura, positividade, entrega ao fazer o percurso de sua busca pessoal. Além disso, aproveite as oportunidades para viver o hoje.

---

[8] TOLLE, Eckhart. **O poder do agora**: guia para o crescimento espiritual. 2. ed. rev. Cascais: Pergaminho. p. 38.

VOCÊ SABE QUAL É O SEU VALOR E O MOSTRA ÀS PESSOAS, AO MUNDO?

Meu amigo, minha amiga, você (re)conhece o seu valor?
Como você o expressa e o coloca no mundo? Como as pessoas
o(a) veem? As suas fragilidades e vulnerabilidades o(a) impedem
de ser, querer, fazer o audacioso, o interessante? Ou você as
vê como oportunidades de aprendizado e de superação?
É sobre questões como essas que eu o(a) convido a pensar
e a buscar em você respostas, de modo que lhe tragam
a dimensão do seu valor pessoal.
Então, respire e mergulhe em você em mais este momento.

Abraço,
José Paulo

Eu: _____

Coloque o seu nome. Olhe para você!

O meu dom é:

Reconheço meu dom e o valorizo, mas sempre busco transformá-lo e aprimorá-lo, porque:

Já houve um momento em minha vida em que renunciei reconhecer e transformar o meu dom, por eu estar me sentindo e/ou por acreditar que:

Já vivenciei o que diz Lya Luft: "ao menos alguma vez, fazer, querer, ser, o interessante, o audacioso". Mesmo sentindo as minhas fragilidades, eu consegui realizar (fazer, querer, ser), pois:

Já vivenciei o que diz Lya Luft: "ao menos alguma vez, fazer, querer, ser, o interessante, o audacioso". Ao sentir minhas fragilidades, não consegui realizar (fazer, querer, ser) porque:

Em *A coragem de ser imperfeito,* Brené Brown diz:

"Mesmo aqueles que aprenderam a se render à alegria e abraçar a experiência não estão imunes aos tremores incômodos da vulnerabilidade que muitas vezes acompanham os momentos felizes. Eles apenas sabem usá-los mis como um lembrete do que como um sinal de advertência."

Sou uma dessas pessoas, pois eu:

Ao analisar se estou sendo eu mesmo(a), se estou fazendo o que quero e acredito e se tenho feito o que preciso e desejo para a minha realização, percebo que:

Entendo que reconhecer e transformar meu dom tem a ver com mostrar o meu valor e o do meu dom. Compreendo que, para isso, preciso ser uma pessoa positiva, que emana coisas boas. Portanto, as ações de reconhecer e de transformar desencadeiam outra: a de dar destaque, de fazer brilhar o meu dom aos olhos do mundo. Em meu dia a dia, eu consigo colocar essas ações em prática da seguinte forma:

Entendo que reconhecer e transformar meu dom tem a ver com mostrar o meu valor e o do meu dom. Compreendo que, para isso, preciso ser uma pessoa positiva, que emana coisas boas. Portanto, as ações de reconhecer e de transformar desencadeiam outra: a de dar destaque, de fazer brilhar o meu dom aos olhos do mundo. Em meu dia a dia, eu não consigo colocar essas ações em prática porque:

Para expressar o meu valor e o meu dom, sei que preciso externar quem sou, mostrando a integridade em minhas atitudes, meu potencial e o que consigo fazer, deixando claro quais são os meus diferenciais, o que e como posso agregar na vida das pessoas, assim como deixar claro o meu propósito de vida, o(s) meu(s) sonho(s) e o meu dom. Para isso, procuro me posicionar e atuar da seguinte forma:

O autoconhecimento é o ponto de partida para que eu realize estas coisas.

"O autoconhecimento precede o compartilhamento com os outros."
Stephen Covey

Para desenvolvê-lo, são necessárias algumas ações, como:

1. questione-se (o autoconhecimento é um processo interno).

2. aprenda a dizer não (o não para o outro pode ser
um grande e necessário sim para você).

3. explore novas coisas e experiências (saia da zona de conforto!).

4. esteja sempre aberto(a) a mudanças de opinião, de ponto de vista
(o sábio é aquele que sabe que pode mudar de opinião,
sem ser "Maria vai com as outras").

5. tire um tempo para si (cuide de si!).

6. busque ajuda quando necessário (com ajuda, a sua caminhada
se torna mais leve, direcionada e apoiada).

7. medite e/ou faça yoga (busque práticas como essas para cuidar do seu lado
físico, mental, da sua criatividade, da sua intuição e da sua espiritualidade).

8. escreva (escrever ajuda a exercitar a criatividade
e a organizar o pensamento).

9. exercite a gratidão (pergunte-se o que você tem de bom em sua vida!).

10. escute-se mais (escutar as pessoas é importante,
mas se escutar é essencial!).

O roteiro de ações foi adaptado de: PAHINS, Silvia. **10 formas de desenvolver o autoconhecimento.** 2017. Disponível
em: https://empreendacomproposito.com.br/formas-de-desenvolver-o-autoconhecimento/. Acesso em: 28 fev. 2022.

Ao observar esse roteiro de ações, eu o pratico da seguinte forma em busca do meu autoconhecimento:

ESCALA									
Péssimo				Neutro					Excelente
1	2	3	4	5	6	7	8	9	10

AÇÕES	ESCALA (1 a 10)
1. Questione-se	
2. Aprenda a dizer não!	
3. Explore novas coisas e experiências!	
4. Esteja sempre aberto (a) a mudanças de opinião, de ponto de vista!	
5. Tire um tempo para si!	
6. Busque ajuda quando necessário!	
7. Faça exercício físico!	
8. Escreva!	
9. Exercite a gratidão!	
10. Escute-se mais!	

A partir da observação dos meus resultados,
quero/preciso melhorar em:

A forma como sou percebido(a) pelas pessoas que me conhecem
e que me são importantes também são indicativos de como tenho
expressado o meu valor e o meu dom em minha vida, por meio de
minhas atitudes, posturas, valores, visão de mundo, espiritualidade,
entre tantos outros aspectos que mostram quem eu sou.

Escolhi pelo menos duas pessoas do meu convívio e que me são
importantes para que relatassem como me veem, e assim eu fui descrito(a)
(escreva, de forma breve, mas sem deixar de lado aspectos importantes
a respeito de você relatados pelas pessoas escolhidas):

A partir do olhar dessas pessoas, identifiquei que preciso mudar aspectos meus que não favorecem que eu mostre e transforme o meu valor. Esses aspectos são os seguintes e, para mudá-los, penso que sejam boas estratégias eu:

Após, olhar para mim neste momento, consigo listar algumas ações que posso aprimorar e/ou agregar ao meu cotidiano e aos meus planos de vida de modo que eu atue de forma a ser a minha melhor versão e consiga mostrar meu valor.

O QUE FAZEM OS VERDADEIROS CAMPEÕES

Para ter o melhor, dê o seu melhor!

José Paulo Pereira Silva

EM QUE VOCÊ CONCENTRA SUAS ENERGIAS?

Essa é uma pergunta bastante importante ao pensarmos sobre o que é ser uma pessoa campeã, vencedora, não é? Antes disso, vamos dialogar a esse respeito refletindo no significado de ser uma pessoa campeã.

Um campeão, ou se você preferir podemos chamar de uma pessoa bem-sucedida, precisa estar disposto a fazer o seu melhor com os recursos que tem disponíveis. Por consequência, ele vai entrar em um ciclo positivo de pequenas vitórias, o que é o ponto de partida para nos tornarmos campeões. A derrota que pode acontecer em um momento ou outro é simplesmente um dos "degraus" que nos leva à conquista, ao êxito, à realização do sonho e à nossa superação, portanto.

Por que eu estou lhe trazendo esse ponto de vista? Talvez esse seja um questionamento seu. Bem, porque é comum as pessoas acharem que o fato de ainda não terem atingido o que se propuseram a realizar, a conquistar – embora se dediquem a isso – faz delas perdedoras, derrotadas, fracassadas. Pesado tachar-se e se sentir assim, não? E injusto com você mesmo, com você mesma. Isso porque essa não é uma verdade, pois não é porque você não atingiu o seu sonho, o seu objetivo, a sua superação em determinada tentativa que não obterá a vitória se continuar tentando. O que nos faz campeões é jamais nos acostumarmos com uma derrota, como afirma Shinyashiki, pois teremos uma próxima oportunidade para tentar novamente e de modo diferente.

Ora, quantas vezes você se deu por vencido(a) em algo que se propôs conquistar? Seja o que for – um sonho a ser realizado, uma barreira a ser transposta... Eu lhe pergunto: sentir-se assim, dar-se tal título (o(a) vencido(a)!) o(a) ajudou em algo? Essa sua postura e sentimento o(a) fortaleceu para continuar buscando vencer, realizar o que ama e o que sonha? Não, não é?

Aliás, em nossas vidas, somos constantemente convidados a vivenciar e atingir a nossa superação. Essa realidade me lembra *Provérbios 24:10*: "Se enfraqueces no dia da angústia, a tua força é pequena." Portanto, dias de angústia, de fraqueza, de perdas e de falta de êxito fazem parte da vida, o que importa é não fraquejarmos a ponto de desistir e, com isso, convencermo-nos de que somos um grande e total fracasso. Não somos! Portanto, para não enveredar por esse caminho que não nos leva aonde queremos, precisamos e devemos nos lembrar da nossa força interior, da força da nossa espiritualidade, do nosso dom, do nosso valor, do nosso propósito de e na vida, de Deus em nós e em cada momento da nossa trajetória.

O que é uma derrota senão a oportunidade que temos de aprender as várias possibilidades de caminhos, a criação, a oportunidade de construir um conhecimento mais apurado, de nos desenvolvermos, de ampliar e fortalecer nossa capacidade de superação?

Você percebe, meu amigo, minha amiga, que é preciso mudar a lente que você direciona ao que não conseguiu atingir, ao que você intitula como derrota?

Ora, temos tantos exemplos disso na vida de cada um de nós! Quer ver? Michael Jordan, considerado o maior jogador de basquete de todos os tempos, relatou certa vez que, em sua carreira, perdeu mais de 9.000 lances e aproximadamente 300 jogos; acreditou, 26 vezes, que ganharia o jogo e os perdeu. Portanto, falhou algumas vezes em sua vida e foi esse o motivo que o levou a conseguir suas vitórias, a sua superação. É dele uma afirmação muito propagada e na qual eu acredito muito, por tê-la vivenciado: "Obstáculos não podem te parar. Se você topar com uma parede, não vire e desista. Descubra como escalá-la, passe por ela, trabalhe nisso"[1]. Thomas Edison, por exemplo, precisou criar inúmeros protótipos até chegar à invenção da lâmpada e não interpretou suas tentativas como fracassos, mas como inúmeras maneiras de criar uma lâmpada.

Portanto, se você cair sete vezes, levante-se oito! A força está em você! Você já fez isso na fase mais vulnerável de sua vida: quando criança ao aprender a andar, ao aprender interagir com o mundo e com as pessoas etc. Aliás, a criança é mestre em ser uma campeã, pois precisa realizar conquistas diárias entre descobertas, tentativas, erros e acertos. Se você já passou por isso quando criança, por que não se levantaria, não evoluiria, agora, em sua fase adulta?

Perceba quantos aprendizados você tem acumulados em seu repertório de vida – a sua capacidade de mudança, o seu autoconhecimento e o grau de sua resiliência –, e observe também a sua consciência do aqui e agora, para não cair na armadilha de estar integral e constantemente no piloto automático.

---

[1] NAEGELE, Maria Antonia. Michael Jordan faz 56 anos: a maior lenda do basquete. **Midiamax Uol**. Mato Grosso do Sul, 17 fev. 2019. Disponível em: https://midiamax.uol.com.br/blog/2019/michael-jordan-faz-56-anosa-maior-lenda-do-basquete. Acesso em: 12 jan. 2022.

Portanto, é necessário fazer uma autoavaliação e identificar se você não está vivendo como um "robô", apenas repetindo rotinas e hábitos que lhe foram inseridos durante a vida, mas que não contribuem para seu desenvolvimento pessoal e consequentemente para outras áreas da sua vida. Às vezes investimos nossa energia naquilo que não é produtivo.

Pois bem, agora que temos um entendimento comum entre nós do que é ser um indivíduo campeão e do que é uma "derrota", podemos retomar a pergunta: em que você concentra suas energias? Veja como já abrimos caminho em nossas reflexões para pensar nisso. O que Michael Jordan e Thomas Edison têm em comum? Ambos não buscaram concretizar o que meramente desejavam, mas, sim, o que amavam. Essa é uma característica das pessoas campeãs. É isso que as move e faz com que empenhem sua força interior para buscar o que amam. Isso porque eles estão dispostos a abandonar aquilo que desejam em função de alcançar o que amam, pois não são movidos por simples desejos ou caprichos, mas por aquilo que realmente amam.

Se você observar a sua vida, notará que nela – assim como na vida de cada um de nós – há muitas coisas que são periféricas e não o(a) levam onde você quer, não o(a) levam à conquista do que você ama e tem paixão. Veja! É para isso que estamos aqui na Terra!

Isso é o que campeões e campeãs sabem, e é nisso que concentram sua energia, seu foco. A vaidade, os meros desejos, os caprichos são deixados de lado. O grande campeão da natação Gustavo Borges disse: "Somente um sonho grande nos motiva a acordar todos os dias às cinco da manhã para mergulhar numa piscina". Ou seja, o foco é o amor pelo sonho, pelo que amamos fazer e pelo que queremos alcançar para nos sentirmos vencedores. Logo, é preciso que estejamos atentos, conscientes, para não nos

202   ENCONTRE **SEU** PROPÓSITO

deixarmos levar por superficialidades que nos tiram do foco e que nos levam a desviar nossa energia do que realmente nos importa, do que efetivamente amamos.

CONSTÂNCIA E DETERMINAÇÃO

É preciso mantermos nossa energia concentrada na busca pela conquista do que amamos. Para tanto, devemos ter a clara compreensão de que não importa quantas vezes tenhamos vivenciado a falta de êxito, a perda e a sensação de derrota, pois nos levantaremos, o que nos leva a identificar a necessidade de alimentar a constância e a determinação na busca pela vitória.

Logo, essas duas parceiras – a constância e a determinação – devem nos acompanhar em nossa jornada para sermos pessoas campeãs, as quais, como vimos em nosso diálogo e nos exemplos de campeões compartilhados aqui, não desistem, não se deixam abater pelos obstáculos, que são entendidos como oportunidades de aprendizados, autoconhecimento e de superação.

Em seu livro *O ciclo do sucesso*, Brian Tracy, palestrante e CEO da Brian Tracy, empresa especializada em formação e desenvolvimento de pessoas e de organizações, ao abordar os reveses pelos quais cada um de nós passa em nossas vidas, cita breve pensamento de Bertie Charles Forbes, jornalista escocês fundador da famosa revista americana *Forbes*: "A história tem demonstrado que os vencedores mais notáveis geralmente enfrentam obstáculos dolorosos antes de triunfarem. Eles vencem porque se recusam a desanimar diante da derrota"[2].

---

[2] BRIAN, Tracy. **O ciclo do sucesso**: como descobrir suas reais metas de vida e chegar aonde você quer. Tradução: Cissa Tilelli Holzschuh. São Paulo: Gente, 2013. p. 91.

Ora, por que isso seria diferente para mim, para você? Então, que tenhamos constância e determinação para não abandonar, deixar o nosso sonho guardado em uma prateleira esquecida, escura e empoeirada; além de não nos esquecermos que o fracasso é um rico caminho para obter os aprendizados que nos levarão ao sucesso, à sonhada conquista. Que façamos desses entendimentos o pavimento do nosso caminho para nos tornarmos campeões, campeãs! E que tais entendimentos sejam aliados à nossa força, à energia que vibramos, ao amor que temos pelo que sonhamos, à espiritualidade que está em nós, ao nosso valor, ao nosso dom e a tudo mais que faz parte de nós.

Compreenda, portanto, que não nascemos indivíduos campeões, mas assim nos tornamos. Não fraquejarmos, não desistirmos em nossos "tombos", fracassos é o que nos diferencia dos que já desistem em seus primeiros reveses e assim continuam a cada nova derrota: caem, param; tentam outra coisa que não o sonho; caem novamente, param; mudam o caminho outra vez; e assim permanecem patinando na vida e vão se esquecendo do que realmente vieram fazer e sonharam buscar.

Tenha em mente que você sempre terá de enfrentar dificuldades em alguns momentos da sua vida. Aliás, quanto maior o sucesso, maior a dificuldade; quanto maior o sonho alcançado, maior a responsabilidade e a maturidade para com ele (mantê-lo, preservá-lo, desenvolvê-lo ainda mais), com você mesmo e com as pessoas que fazem parte dele. Daí, repito, a importância da constância e da persistência, aliadas a qualidades, posturas, consciência, atitudes, valores e fé.

Portanto, a fórmula para você se manter um campeão, uma campeã é buscar ser o(a) melhor sempre, e não de vez em quando. Isso não quer dizer que você não irá falhar, mas sim que você não desistirá e buscará o

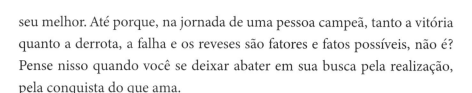

seu melhor. Até porque, na jornada de uma pessoa campeã, tanto a vitória quanto a derrota, a falha e os reveses são fatores e fatos possíveis, não é? Pense nisso quando você se deixar abater em sua busca pela realização, pela conquista do que ama.

Você já ouviu falar de Lance Armstrong e de Muhammad Ali-Haj? Eu me lembrei deles agora... Armstrong é um ciclista norte-americano que foi campeão por sete vezes consecutivas da famosa prova *Tour de France*, e uma frase dele vai ao encontro das ideias que estamos trocando aqui: "O sofrimento é passageiro, desistir é para sempre"[3]. Muhammad Ali, pugilista estadunidense considerado um dos melhores da história do box, eleito o desportista do século XX, declarou: "Somente um homem que sabe o que sente ao ser derrotado pode ir até o fundo de sua alma e tirar dali aquilo que lhe resta de energia para vencer um combate equilibrado"[4]. E sobre sua preparação, ele revelou: "Odiei cada minuto de treinamento, mas não parava de repetir a mim mesmo: 'não desista, sofra agora para viver o resto da sua vida como campeão'".

Na fala e na história de ambos os desportistas, identificamos a determinação, o reconhecimento de que desistir não é uma opção para quem quer ser uma pessoa campeã, de que é preciso persistência e constância para a superação do sofrimento originado das falhas, das derrotas e das adversidades vivenciadas na busca pelo preparo, pelos aprendizados e pelo autodesenvolvimento. Assim como ambos entendem que estas se fazem necessárias e fatores aliados para que seja forjado um indivíduo vencedor, campeão.

---

[3] BALDAIA, Barbara. Os campeões não desistem, mas podem falhar. **TSF Rádio Notícias**. Lisboa, 30 jul. 2012. Disponível em: https://www.tsf.pt/desporto/os-campeoes-nao-desistem-mas-podem-falhar-2695082.html. Acesso em: 13 jan. 2022.
[4] TÉVEZ, Óscar. 20 frases de Muhammad Ali que são verdadeiras lições de vida. **El País**. Esportes. Madrid, 7 jun. 2016. Disponível em: https://brasil.elpais.com/brasil/2016/06/04/deportes/1465019120_522470.html. Acesso em: 13 jan. 2022.

Portanto, quem deseja ser um campeão, uma campeã, precisa fazer todos os dias e sistematicamente atividades que outras pessoas fazem ocasionalmente, como treinar diariamente, estudar todos os dias, dar seu melhor a cada dia. Eu me lembro que, quando li a declaração de Ali, fiquei impressionado com a afirmação de que ele odiava cada minuto de treinamento, mas que, mesmo assim, não desistia. Essa declaração traduz muito bem o que estamos dialogando aqui, não é?

Você compreende, então, a diferença entre campeões, campeãs e quem realiza esporadicamente atividades necessárias e essenciais para que se tornem campeões, campeãs? A diferença é que a pessoa campeã tem constância, estabilidade, firmeza, convicção, determinação e vai adiante, não importando por quais dificuldades, momentos, exigências e situações terá de passar para conquistar sua meta, seu objetivo, seu sonho. São o sonho e a crença nele que a movem!

O que mais posso lhe dizer nesse sentido? Que você tenha foco, rotina, consistência, determinação, autoconfiança, alvo, autocontrole, coragem... Isso porque você tem tudo para ser uma pessoa megacampeã, alcançar o grande triunfo! Isso me faz lembrar novamente de *O ciclo do sucesso*, em que o autor apresenta a reflexão de Bruce Barton, fundador de uma das maiores agências de publicidade do mundo, a BBDO, e reconhecido por ser um homem de fé: "Nada de esplêndido jamais foi realizado a não ser por aqueles que ousaram acreditar que algo dentro deles era superior às circunstâncias"[5].

Portanto, confie em seu potencial para a realização do esplêndido e se dedique de corpo e alma a isso, acreditando em quem você é, em seu

---

[5] BRIAN, Tracy. **O ciclo do sucesso**: como descobrir suas reais metas de vida e chegar aonde você quer. Tradução: Cissa Tilelli Holzschuh. São Paulo: Gente, 2013. p. 6.

interior e em sua espiritualidade, pois nenhuma circunstância é maior que você, do que o seu interior, do que seu ímpeto por fazer o que ama e de buscar a realização do seu grandioso sonho. Lembre-se de que a sua forma de reagir ao exterior é que determina a diferença entre parar e prosseguir, decepcionar-se e reagir, lamentar-se e transformar uma contrariedade ou uma exigência necessária (como treinar todos os dias; lembra-se de Ali?) em oportunidade e preparo.

Você já deve ter ouvido que não importa pelo que você passou, mas o que você fez e faz com isso. É sobre isso que estamos falando aqui! Tem a ver com o seu modo e sua capacidade de resposta interna ao que o exterior lhe traz. Há uma observação muito pertinente ao nosso diálogo feita por Frederick Robertson: "Não é a situação que faz o homem, mas o homem que faz a situação"[6]. Portanto, são as nossas respostas, as nossas posturas, as nossas reações que determinam a nossa grandeza.

O que é grandeza interior? Penso que é preciso ter muito claro o seu sentido. Ela não é a ausência de falhas, mas a intenção, o ímpeto, a força e a ação para nos melhorarmos sempre e nos posicionarmos no mundo, com os outros e com nós mesmos sem nos corrompermos, nos diminuirmos (e aos nossos semelhantes). Isso é ter grandeza de espírito! Uma pessoa com tal grandeza busca sempre se melhorar como ser humano, reconhecendo suas falhas, superando suas vulnerabilidades, buscando conhecimento e autoconhecimento, trilhando o caminho diário para a sua evolução (ser melhor hoje do que o foi ontem).

Assim sendo, não importam os desafios, os reveses exteriores, pois o grande desafio é você, ou seja, vencer você mesmo, você mesma. Não há

---

6 BRIAN, Tracy. **O ciclo do sucesso**: como descobrir suas reais metas de vida e chegar aonde você quer. Tradução: Cissa Tilelli Holzschuh. São Paulo: Gente, 2013. p. 6.

impedimento maior para uma pessoa se tornar campeã (ou seja, conquistar o que ama) do que a sua incapacidade de mudar a si própria, lapidar-se e viver com grandeza de espírito. Portanto, pense e repense a forma como você responde a situações adversas e/ou que lhe exigem extrema dedicação, consistência e determinação, para que você sempre tenha como farol a sua grandeza de espírito, pois, com ela, você traça um percurso ético, espiritualizado, valoroso, consistente, fundamentado e evolutivo em sua jornada rumo a ser uma pessoa campeã.

Não se esqueça de que a falha não é cair, mas permanecer no chão. A falha é um degrau a menos para a conquista. Então, tenha sempre em mente que há recuperação após a queda: os aprendizados, as mudanças, o autoconhecimento, a determinação, a continuidade, novos modos de pensar e agir, o reforço do amor pelo que faz e almeja alcançar e a fé. Como está expresso em *2 Timóteo 4:7:8*, "Combati o bom combate, acabei a carreira, guardei a fé."

O TEMPO DAS COISAS

Para tudo isso, como tudo na vida, você sabe, há o tempo... o tempo certo para todas as coisas. Nesse sentido, a escritora brasileira Rachel de Queiroz escreveu que "Cada coisa tem sua hora e cada hora o seu cuidado"[7]; é assim que eu também entendo. Ou seja, além de estarmos conscientes de que tudo tem sua hora, precisamos dispensar a cada hora o que ela demanda de nós: o cuidado, a ação, o entendimento, a percepção, a mudança etc.

---

[7] QUEIROZ, Rachel. Formosa Lindomar. In: Queiroz, Rachel. **Rachel Queiroz.** Rio de Janeiro: Agir, 2005, p. 142. (Novos Clássicos)

Na Bíblia, um dos textos escritos por Rei Salomão, mais especificamente em *3 Eclesistes 1:8*, faz referência a essa questão do tempo para tudo.

1 Tudo tem a sua ocasião própria, e há tempo para todo propósito debaixo do céu.
2 Há tempo de nascer, e tempo de morrer; tempo de plantar, e tempo de arrancar o que se plantou;
3 tempo de matar, e tempo de curar; tempo de derribar, e tempo de edificar;
4 tempo de chorar, e tempo de rir; tempo de prantear, e tempo de dançar;
5 tempo de espalhar pedras, e tempo de ajuntar pedras; tempo de abraçar, e tempo de abster-se de abraçar;
6 tempo de buscar, e tempo de perder; tempo de guardar, e tempo de deitar fora;
7 tempo de rasgar, e tempo de coser; tempo de estar calado, e tempo de falar;
8 tempo de amar, e tempo de odiar; tempo de guerra e tempo de paz[8].

Então, também há o tempo de você se desviar, apartar-se de algumas coisas para agarrar, colher, segurar outras. Por exemplo, imagine que você está segurando um copo cuja metade foi preenchida com água suja. Para você substituí-la por água limpa, precisará jogar a suja fora, não é? Portanto, em sua vida, você passará por momentos em que deverá estabelecer e manter vínculos e outros em que você precisará se desvincular do que já não tem a ver com você ou que lhe faz mal para, assim, chegar aonde almeja, fazer o que ama e obter sucesso nisso. Compreende?

---

[8] BIBLIA. Português. **Bíblia sagrada.** Tradução: Ferreira de Almeida. [s.l.]: LCC Publicações eletrônicas. *3 Eclesiastes 1:8.* Disponível em: http://www.ebooksbrasil.org/adobeebook/biblia.pdf. Acesso em: 15 jan. 2022.

É dessa forma que você desenvolve a sua excelência. Se você ainda não a alcançou, algo não está correto e você precisará identificar o que é para apartar-se disso, transformar-se, deixar ir o que não tem a ver com você e com sua busca. Lembre-se de que você foi feito para a excelência, pois estamos aqui, na Terra, para realizar algo bom, para nos associar a pessoas e a projetos que nos ajudarão a liberar nosso potencial.

Quero lhe chamar a atenção para um aspecto bastante importante e interessante: o de que a percepção e a vivência do tempo também são interiores. O que eu quero dizer com isso? Ora, é bem comum nos pegarmos dizendo "se eu tivesse tempo para..." Condicionamos o tempo como algo externo e esse é um ponto explorado por Stephen Covey ao abordar o ter e o ser, mas que, a meu ver, cabe muito bem à nossa reflexão, pois ele nos diz que "Sempre que achamos que o problema está 'lá fora', este pensamento em si é um problema. Damos ao que está lá fora o poder de nos controlar. A mudança de paradigma precisa acontecer de 'fora para dentro' – o que está lá fora precisa mudar antes que nós possamos mudar"[9]. Ou seja, essa forma de compreendermos, de condicionamos e de (re)agirmos a um problema é errônea, limitante e contrária à abordagem proativa, que "prescreve a mudança de 'dentro para fora': ser diferente e, ao ser diferente, alterar positivamente o que está lá fora"[10].

Há um conceito sobre o tempo do qual gosto muito e quero compartilhar com você: o tempo é a principal matéria-prima da vida, do que realizamos, do que criamos. Isso porque ele é um dos diversos fios desse tecido,

---

[9] COVEY, Stephen R. **Os 7 hábitos das pessoas altamente eficazes.** 52. ed. rev. e atual. Tradução: Alberto Cabral Fusaro *et al.* Rio de Janeiro: Best Seller, 2015. p. 125.
[10] COVEY, Stephen R. **Os 7 hábitos das pessoas altamente eficazes.** 52. ed. rev. e atual. Tradução: Alberto Cabral Fusaro *et al.* Rio de Janeiro: Best Seller, 2015. p. 125.

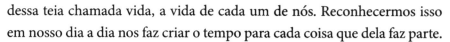

dessa teia chamada vida, a vida de cada um de nós. Reconhecermos isso em nosso dia a dia nos faz criar o tempo para cada coisa que dela faz parte.

Ao lermos a Bíblia, encontraremos orientação nesse sentido em *3 Eclesiastes 1*: "Tudo tem a sua ocasião própria, e há tempo para todo propósito debaixo do céu". Portanto, há tempo para as coisas do cotidiano e para nos dedicarmos ao que almejamos realizar nos vários âmbitos da nossa vida e o que e como queremos ser ao longo desta – isso inclui, claro, o nosso processo para sermos e nos sentirmos campeões, campeãs. Aliás, o tempo do ser e do sentir são valiosíssimos e essenciais, por isso não deixe de vivenciá-los em meio às diversas dinâmicas da sua vida.

E por falar em dinâmica... o tempo também tem a sua. Logo, além de planejarmos, agirmos, termos metas e de buscarmos as mudanças necessárias e as almejadas, precisamos dar tempo ao tempo, ter paciência para esperar que as coisas se realizem no tempo de cada uma. Portanto, a boa gestão do tempo é primordial para alcançarmos êxito, sermos vitoriosos em nossos objetivos, sonhos, enfim, ao realizarmos o que amamos.

É possível que você esteja se perguntando sobre como interpretar ou ainda encarar tempos ruins, momentos difíceis. Eu lhe respondo: interpretando-os e encarando-os como temos dialogado aqui, como oportunidades de aprendizado, de mudança e de superação. Além disso, entendendo-os como passageiros, como tudo na vida, não é? Isso me lembra uma das falas de peça *Macbeth*, de William Shakespeare, em que o personagem diz: "— Aconteça o que acontecer, o tempo e as horas sempre chegam ao fim, mesmo do dia mais duro dentre todos os dias"[11].

---

[11] SHAKESPEARE, William. **Macbeth**. Tradução: Beatriz Viégas-Faria. Porto Alegre: LP&M, 2000. [não paginado]. Disponível em: https://www.academia.edu/41385707/Macbeth_-_William_Shakespeare.PDF. Acesso em: 15 jan. 2022.

Desse modo, meu amigo, minha amiga, tenha o **tempo como seu aliado** e vivencie os tempos do devir, das novas formas de viver (e sentir), do aprender, do conquistar e do **tornar-se um campeão, uma campeã**.

@JOSEPAULOGIT

VOCÊ TEM CONSCIÊNCIA NO QUÊ CONCENTRA SUAS ENERGIAS PARA SE TORNAR UMA PESSOA CAMPEÃ?

Meu amigo, minha amiga, eu o(a) convido a pensar
nessa pergunta e nos demais aspectos envolvidos
em ser uma pessoa vencedora, campeã.

Observe-se e busque identificar de que forma você
interpreta e sente uma derrota. Isso o(a) faz desistir
dos seus sonhos, do seu propósito de vida?

Olhe-se, questione-se, ouça-se, fortaleça-se
e leve-se ao pódio da sua vida.

Abraço,
José Paulo

Eu: _____

Coloque o seu nome. Olhe para você!

Para me tornar uma pessoa campeã, concentro minhas energias em:

Para mim, ser vencedor(a), campeão(ã) é:

Concordo/não concordo sobre o sonho ser o ponto de partida para nos tornarmos campeões e que a derrota é simplesmente um dos "degraus" para a conquista do sonho e para a nossa superação, pois:

Já passei por situações em que não alcancei o êxito e me senti derrotado(a), o que fez eu desistir/não desistir dos meus sonhos, do meu propósito de vida. Isso porque eu:

Por conta de ocasiões em que não obtive êxito, já me rotulei como perdedor(a), derrotado(a), fracassado(a). Hoje, avalio minha atitude como injusta/justa comigo mesmo(a), pois:

Essas ocasiões fizeram que eu me acostumasse com a derrota e não tentasse novamente, porque acredito que:

Essas ocasiões fizeram que eu não me acomodasse com a derrota e tentasse novamente, porque acredito que:

Para mim, um campeão(ã) é forjado(a) durante a sua trajetória de vida à medida que:

"Se enfraqueces no dia da angústia, a tua força é pequena."
Provérbios 24:10

Interpretando o provérbio e o relacionando a minha vida, posso dizer que:

Por já ter experimentado a falta de êxito em determinada situação,
ao enfrentá-la novamente, já fui contando com outro fracasso e me
surpreendi, pois saí vitorioso(a). Isso ocorreu quando eu:

Para mim, a afirmação de que "a força está em você" se relaciona com (para
refletir sobre a afirmação voltando-se para você, contemple suas ações, fé,
posturas, consciência, vivências, no que acredita na e para a sua vida etc.):

Shyniashiki declara que é preciso sair do piloto automático,
ter paciência, perseverança e treinar novos sistemas.
Eu me identifico com essa afirmação porque:

Por já ter experimentado a falta de êxito em determinada situação,
ao enfrentá-la novamente, já fui contando com outro fracasso e
me surpreendi, pois saí vitorioso(a) dela. Isso ocorreu quando eu:

Para mim, a afirmação de que "a força está em você" se relaciona com (para refletir sobre a afirmação voltando-se para você, contemple suas ações, fé, posturas, consciência, vivências, no que acredita na e para a sua vida etc.):

Concordo que o que faz uma pessoa empenhar a sua força interior é a busca pelo que ama. Sei disso porque vivi a seguinte situação:

Entre os vários campeões que conheço, o que mais admiro e me serve de exemplo e de incentivo é (além de identificar quem é o(a) campeão(ã) que você admira, pontue por quê. Assim, você se oportunizará reconhecer suas motivações, aproximar-se dos seus valores, do que admira e do que focaliza em sua busca pelo que ama, pelo seu sonho, por sua(s) vitória(s)):

Como eu entendo o que é determinação e constância e de que forma elas estão presentes em minha vida e, em especial, em minha busca pelo triunfo:

"O sofrimento é passageiro, desistir é para sempre."
Lance Armstrong

O que eu penso dessa afirmação é (ao refletir sobre ela, olhe para a sua história pessoal e (re)veja o que sentiu e compreendeu ao passar por algum desafio que lhe causou algum tipo de sofrimento e como reagiu a ele):

Para mim, buscar diariamente ser a minha melhor versão tem a ver com me tornar campeão(ã) porque:

Compreendo a grandeza interior da seguinte forma e a vejo em mim, em especial, nestas minhas características:

Para mim, buscar diariamente ser a minha melhor versão tem a ver com me tornar campeão(ã) porque:

**Tenho um exemplo, em minha trajetória, de que a falha
não é a queda, mas permanecer no chão. Isso aconteceu comigo quando:**

"Combati o bom combate, acabei a carreira, guardei a fé."
Timóteo 4:7-8

Para mim, a fé é algo:

"Guardar a fé" é considerado por mim algo:

**É preciso ter em mente que tudo tem sua hora para acontecer e que cada
hora demanda o seu devido cuidado. Por isso, eu lido da seguinte forma
com a questão do tempo e do cuidado que ele demanda em minhas ações,
reações, propósito, sentimentos, sensações, superações, aceitações, desape-
gos, semeaduras, colheitas, aprendizados, vivências etc.:**

Sendo o tempo a principal matéria-prima da vida, busco desenvolver forma proativas (de dentro para fora) de torná-lo meu aliado. Para isso, tenho como prática:

Para gerir o tempo, que tem sua dinâmica própria, eu realizo estes passos:

1. PLANEJO ( )Sim. ( )Não.

Como faço (listo e classifico o que preciso/desejo fazer? Marco o que já realizei? Reorganizo o que está pendente? Determino prazos?):

2. DEFINO METAS ( )Sim. ( )Não

Como eu as defino (identifico e seleciono metas factíveis e necessárias? Uso a estratégia SMART para classificá-las? Escrevo minhas metas e as visualizo constantemente para não me distanciar/esquecer delas?):

3. DETERMINO PRAZOS.

Como eu os determino (analiso a duração de minhas tarefas?
Para as que nunca fiz, faço uma projeção e vou ajustando o prazo,
se necessário? Revejo o cronograma quando necessário?):

4. SELECIONO AS ATIVIDADES.

Como eu as seleciono (observo, analiso e reflito sobre a
minha lista de atividades? Seleciono o que é prioridade e o que
pode ficar para um segundo momento? Analiso se as atividades
se alinham ao meu planejamento e às minhas metas? Sei dizer não
ao que não posso e não quero assumir em minhas tarefas?):

5. AGENDO OS AFAZERES.

Como eu os marco (uso agenda digital,
organizer, celular ou agenda de papel?):

6. SELECIONO AS ATIVIDADES.

Como eu as seleciono (observo, analiso e reflito sobre a minha lista de atividades? Seleciono o que é prioridade e o que pode ficar para um segundo momento? Analiso se as atividades se alinham ao meu planejamento e às minhas metas? Sei dizer não ao que não posso e não quero assumir em minhas tarefas?):

7. PRIORIZO AS TAREFAS.

Como eu as categorizo (classifico minhas tarefas/atividades segundo seu grau de importância e de prioridade? O que é urgente vem antes do que é importante? Deixo as atividades não importantes para o fim do meu planejamento/agendamento ou não as faço, delegando-as a alguém? Também delego atividades quando preciso de apoio?):

8. EVITO PROCRASTINAR.

O que eu faço (evito que vire rotina o "deixar para depois"?
Fico atento(a) às distrações? Procuro manter a concentração
e o foco no que estou e/ou preciso fazer?):

9. PREVEJO PAUSAS.

Como eu as programo (eu as insiro de forma estratégica? Sei que
elas são necessárias para recarregar as baterias, alongar o corpo
e recuperar a criatividade? Nelas, cuido do meu corpo, me hidrato,
faço exercícios físicos, cuido do meu bem-estar?):

10. BUSCO O EQUILÍBRIO.

Como eu o busco (cuido para não assumir multitarefas que
comprometam a minha saúde, o meu foco e minhas metas?
Avalio o que posso ou não assumir para não me sobrecarregar
ou ser impedido de realizar bem o que me proponho?):

CONHECIMENTO
E ATITUDE

Todo conhecimento começa com o sonho. O conhecimento nada mais é que a aventura pelo mar desconhecido, em busca da terra sonhada. Mas sonhar é coisa que não se ensina. Brota das profundezas do corpo, como a água brota das profundezas da terra[1].

Rubem Alves

VOCÊ, O CONHECIMENTO E AS SUAS ATITUDES

Em algum momento da sua vida você já pensou no que Rubem Alves traz em sua reflexão? Ou seja, na ligação entre o conhecimento e o sonho, e que este é o ponto de origem daquele? Interessante, não?

A metáfora do mar reaparece, aqui, como símbolo da dinâmica da vida, dos renascimentos, da transitoriedade: "Todo conhecimento começa com o sonho. O conhecimento nada mais é que a aventura pelo mar desconhecido, em busca da terra sonhada". Lembra-se de que Saramago a trouxe para nós em *O conto da ilha desconhecida*? Pois bem, é essa busca do novo (de outras "ilhas" que nos fazem sair da nossa) que nos conduz ao conhecimento, e este, sendo um dos grandes componentes dessa jornada, leva-nos às nossas realizações, a sermos pessoas campeãs, a sermos indivíduos que deixam seu sonho brotar de seu interior.

---

[1] ALVES, Rubem. **A alegria de ensinar.** São Paulo: Ars Poética, 1994. p.76-77.

Que rico podermos integrar esses aspectos – e a eles os demais sobre os quais dialogamos até então – ao conhecimento, pois esse movimento nos leva a reconhecer que cada um de nós o faz brotar à sua maneira e em sua diversidade, amplitude e profundidade. Termos tal consciência nos assegura a não menosprezar o conhecimento alheio ou até mesmo o nosso, assim como não supervalorizar o nosso a ponto de nos tornarmos prepotentes, pomposos, orgulhosos (no sentido negativo da palavra). Isso porque o conhecimento e a humildade caminham juntos.

Há uma reflexão de Leonardo da Vinci justamente sobre o que estamos dialogando aqui, e é possível que você já a conheça: "Pouco conhecimento faz com que as pessoas se sintam orgulhosas. Muito conhecimento, que se sintam humildes. É assim que as espigas sem grãos erguem desdenhosamente a cabeça para o Céu, enquanto as cheias as baixam para a terra, sua mãe"[2]. Portanto, que sejamos as espigas cheias e humildes e que tenhamos essa postura e atitude na vida.

A humildade é a chave do conhecimento, tanto para o colhermos, construirmos, quanto para o compartilharmos. Logo, esse princípio – a humildade – envolve nossas atitudes perante o conhecimento e as pessoas com as quais compartilhamos (damos e recebemos) conhecimentos. Há uma fábula que conta a história de uma rã que quis voar (isso mesmo, voar!) para longe do frio, de autoria desconhecida, que tem a ver com a questão do orgulho, da falta de humildade e as suas consequências. Acompanhe-a!

---

[2] ALENCAR, Lucas. 13 frases inspiradoras de grandes cientistas. **Revista Galileu**. Disponível em: https://revistagalileu.globo.com/Ciencia/noticia/2016/06/13-frases-inspiradoras-de-grandes-cientistas.html. Acesso em: 22 jan. 2022.

Uma rã se perguntava como poderia ficar longe do frio do inverno. Então, alguns gansos lhe sugeriram que migrasse com eles. Contudo, rã não voa, não é? Diante desse impedimento, a rã lhes pede que a deixassem pensar... Logo, ela exclama: "— Tenho um cérebro esplêndido!" E pede a dois gansos que a ajudem a pegar um galho bem forte e que cada um o sustente em cada extremidade. Isso feito, a rã se segura pela boca no galho e, assim, ela e os gansos iniciam seu percurso. Ao passarem por uma pequenina aldeia, chamam a atenção de seus habitantes, que observam aquela cena inusitada. Um dos moradores pergunta de quem foi a brilhante ideia de assim levar a rã. Nesse exato momento, a rã, sentindo-se muito orgulhosa e com tamanho sentimento de importância de si mesma, exclama em alto e bom som: "— A ideia foi minha!" Nesse instante, ela se solta do galho, pois abriu a boca, cai e morre.

Veja, a falta de humildade, o orgulho exacerbado é que levaram a rã a esse fim trágico. Portanto, não importa que tenhamos ideias mirabolantes, os planos mais bem planejados, um grande acervo de conhecimentos, se não soubermos lidar e compartilhá-los com humildade, com atitudes corretas, sensatas e éticas.

Isso tudo inclui considerar o conhecimento alheio, por mais que não saibamos a sua especificidade e sua dimensão, pois é no compartilhamento, na escuta atenta e respeitosa, na postura humilde e aberta e nas boas atitudes que nos damos oportunidades de sermos boas pessoas e melhores a cada dia, de nos desenvolvermos com sabedoria e, da mesma forma, interagirmos e considerarmos nosso semelhante. E, além disso, de sermos conscientes de que nunca estamos "prontos", no sentido de que sempre aprendemos, portanto, construindo nosso conhecimento durante a nossa vida e em nossas buscas por nós mesmos, pelo nosso propósito, pelo nosso valor, pelo que amamos e pelos nossos sonhos, como nos diz um provérbio bíblico: "Feliz o homem [e a mulher] que acha a sabedoria, e o homem [e mulher] que adquire **conhecimento**" (Provérbios 3:13).

Não sei você, mas eu entendo que olhar para o conhecimento dessa forma é também considerar a nossa espiritualidade, a nossa fé. O que você acha?

Bem, se já está provado que fé e conhecimento não se excluem, ao contemplá-los da forma como estamos fazendo aqui, não há como assumirmos um princípio maniqueísta, eliminatório, entendendo-os de forma separada ou ainda que ocorrem separadamente. Isso porque há, sim, a dualidade, a complementaridade.

Em *Os 7 hábitos das pessoas eficazes*, Stephen Covey se refere ao conhecimento e à compreensão direcionados a outros seres humanos, mas eu os vejo aplicados a tudo que há na vida e no mundo. Diz o autor que "se você realmente procura compreender, sem hipocrisia e sem malícia, haverá momentos em que ficará literalmente abismado com o conhecimento e a compreensão puros que fluirão de você para os outros seres humanos"[3]. Logo, a compreensão, o conhecimento e a atitude que você desenvolve e assume em sua trajetória precisam se guiar por esses princípios para que fluam verdadeiramente e de modo a refletir o que você busca de valoroso em você, no mundo e nas pessoas e, consequentemente, de modo a refletir o legado (a sua contribuição, a sua marca, a sua missão realizada) da sua existência.

---

[3] COVEY, Stephen R. **Os 7 hábitos das pessoas altamente eficazes.** 52. ed. rev. e atual. Tradução: Alberto Cabral Fusaro *et al.* Rio de Janeiro: Best Seller, 2015. p. 328.

COMO AUMENTAR A SUA INTELIGÊNCIA

Além dos aspectos sobre os quais já dialogamos, quero lhe trazer mais um: a inteligência, pois ela, em seu sentido *lato*[4], é a habilidade mental de aprender e empregar conhecimento. Ela se relaciona com a capacidade de raciocínio e de pensamento abstrato. Assim sendo, é por meio dela que interagimos com o mundo e com as pessoas em nossas relações sociais e superamos os desafios que se apresentam em nossa vida.

Ao contemplarmos essa breve e ampla noção do que é inteligência, é preciso que tenhamos claro o significado de cognição, uma vez que estamos nos voltando para essa esfera da produção de conhecimento. Você verá que ela nos traz vários pontos por nós contemplados até aqui. Vamos lá?

Cognição diz respeito à capacidade de processarmos informações e de transformá-las em conhecimento, processo esse que se realiza com base em um conjunto de habilidades mentais e cerebrais, como a percepção, a memória, a imaginação, a linguagem, o pensamento, a aprendizagem etc. Portanto, a cognição se constitui na interpretação, realizada pelo cérebro humano, do conjunto de informações que lhe chegam, por meio dos cinco sentidos da percepção, e que são interpretadas segundo a forma de ser de cada pessoa. Assim sendo, os aspectos cognitivos envolvem habilidades, processos e estratégias que promovem o manejo da informação para que esta seja transformada em conhecimento em um segundo momento.

---

[4] A síntese de tal definição foi elaborada a partir de: SANTOS, Virgilio Marques de. **Inteligência: o que é, quais são os tipos, como medir?** Disponível em: https://www.fm2s.com.br/inteligencia-voce-e-inteligente/. Acesso em: 22 jan. 2022.

Agora que temos esse entendimento em comum, quero compartilhar com você três combustíveis da inteligência, ou seja, três formas para você aumentar sua inteligência. Vamos a elas...

A LEITURA: de uma obra cujo autor levou 5 ou 10 anos para escrever, você absorve todo o conhecimento em apenas uma ou duas semanas de leitura.

A ESCRITA: quando você escreve para registrar as suas ideias, você ativa um processo intelectual que trabalha muito o cérebro.

O DIÁLOGO: conversar com pessoas sábias e entendidas, pois, quando você conversa com uma pessoa que domina muito algo e que tem sabedoria em suas palavras e visão, você amplia seus aprendizados, desenvolve-se e enriquece o seu acervo de conhecimentos.

Pratique muito a leitura, a escrita e a conversa com pessoas sábias! E por que eu o(a) oriento a fazer isso? Porque eu quero que você cresça muito em inteligência e sabedoria.

Se você não tem o costume de se dedicar à leitura e à escrita, treine-as, assim como fazem os atletas, como fazem os campeões, como vimos. Com a prática e a constância, logo você realizará essas atividades com muita fluidez. Caso você não tenha o hábito de reservar um tempo de seu dia para conversar com pessoas sábias, crie-o, pois, além de lhe ser enriquecedor, essas conversas lhe serão muito prazerosas. Tente, faça e verá o seu aprimoramento!

Quero destacar um detalhe: ao lhe falar da inteligência e de alguns caminhos para exercitá-la, não estou desprezando ou ignorando a existência e a importância da imaginação. Isso porque alguém muito inteligente, mas sem imaginação, sem criatividade, tem limitadas as suas criações, os seus projetos, as suas contribuições nos diversos contextos dos quais faz parte, as suas ações... Enfim, sem imaginação é como se a pessoa cumprisse um *script*, que pode ter sido impecavelmente estruturado por sua inteligência, mas não consegue propor novos caminhos, novas propostas e ações em que se envolve. Compreende?

Isso é muito evidente em nossas vidas. Quando damos vazão à nossa imaginação e concretizamos o que foi imaginado, conseguimos fazer o novo. Um exemplo disso é a existência do supermercado, que, no passado, parecia algo inconcebível e, hoje, é parte do nosso cotidiano. Você conhece a história dele? Eu vou contá-la bem brevemente...

> Há 100 anos, não existia supermercado, mas, sim, uma quitanda, uma mercearia de secos e molhados, e as pessoas iam até esse estabelecimento e pediam o que queriam ao atendente, que, muitas vezes, era o dono da "venda", e ele é quem dava o produto ao cliente. Até que alguém teve a ideia de inventar um outro tipo de estabelecimento, usando a sua imaginação, a sua criatividade para concebê-lo e mudou o que se conhecia até então. Essa pessoa imaginou um galpão grande com várias gôndolas onde as pessoas é que pegavam os produtos desejados. Na época, as pessoas julgavam que isso não tinha nada a ver e que os clientes iriam se sentir desprestigiados porque não haveria alguém para atendê-los. Foi isso o que aconteceu? Não. Longe disso, não é?! Essa ideia deu tão certo que surgiu o supermercado, que está presente em nosso dia a dia até hoje!

Então, imaginar é pensar naquilo que não existe. E, ao congregarmos inteligência, imaginação e conhecimento, temos recursos perfeitos para criar o novo, combinar elementos para um novo resultado, aprimorar o que já existe.

TUDO É FÁCIL PARA QUEM SABE

Estarmos aqui trocando ideias, reflexões sobre conhecimento, me fez lembrar de uma conversa que tive com uma pessoa do meu convívio sobre como tudo fica fácil quando temos conhecimento, o que nos leva a sofrer é a falta dele, e não importa de que tipo de conhecimento ou em que esfera da nossa vida (profissional ou pessoal) estejamos falando.

Quer um exemplo? Imagine uma escola que forma pilotos de helicóptero: mesmo o pior piloto da turma consegue levantar um helicóptero a mais ou menos 200 metros de altura e aterrissar, manobras essas supersimples. Contudo, para mim e para você (se você não tiver essa formação, é claro), essas manobras são impossíveis, pois não conseguimos nem ligar o helicóptero.

Agora, procure lembrar de quantas vezes em sua vida você rumou por um caminho mais difícil por não ter a informação correta e o conhecimento adequado. Acredito que, assim como aconteceu comigo, não foram poucas as ocasiões, não é? Então, fica-nos muito claro que investir em conhecimento é primordial e valiosíssimo, pois o utilizaremos no tempo devido e da melhor forma para alcançar um grande resultado em nossa vida.

Há uma frase que quero compartilhar com você de autoria do conhecido escritor americano Napoleon Hill, que foi um dos principais representantes do movimento Novo Pensamento e que imprimiu, em suas obras, o caráter motivacional na abordagem da realização pessoal. Ele afirma que "O poder humano é o conhecimento organizado que se expressa por meio de esforços inteligentes"[5]. Veja, então, como Hill integra, de forma bem sintética e objetiva, os pontos sobre os quais estamos pensando juntos.

CABE A VOCÊ MOLDAR O QUE JÁ TEM

O que é moldar o que você já tem? Apesar de estarmos constantemente falando em transformação, em nos tornarmos pessoas campeãs, em aprendizados constantes, em exercício diário da nossa inteligência, em valor da imaginação e em construção do conhecimento, sinto a necessidade de olharmos um pouquinho mais para a questão de nos moldarmos constantemente, modelarmos o que já faz parte de nós.

Nós vamos nos modelando, esculpindo desde crianças. Não é porque atingimos nossa fase adulta que não o façamos mais. Ora, não importa o quanto já temos de conhecimento, de desenvolvimento, de evolução, estamos sempre lapidando o que há em nós e o que somos para realizar, da melhor forma e corretamente, o que sonhamos, amamos e o que temos como propósito de vida. Essas buscas eleitas por nós demandam que não nos recusemos a fazer as travessias necessárias (como nos disse Bosi, lembra-se?) e que, para tanto, procuremos não sair da nossa rota, não errarmos os passos.

---

[5] HILL, Napoleon. **A lei do triunfo**: 16 lições práticas para o sucesso. Tradução: Fernando Tude de Souza. 36. ed. Rio de Janeiro: José Olympio, 2015. p. 82.

Ora, ora... isso me lembra do verbo "pecar". Você já pensou na etimologia hebraica, grega e/ou latina dessa palavra[6]? Pois bem, é o que quero lhe mostrar. Você verá que esta não é uma palavra restrita ao uso e ao sentido religioso, como comumente vemos, mas que seu sentido etimológico nos leva a entender que ela cabe a todas as esferas da nossa vida, inclusive a religiosa. Em hebraico, "pecado" é "*chattat*", da raiz "*chet*", que significa "errar o alvo ou mudar de direção"; em grego, "*amartía*", que tem sentido de "sair da rota", e em latim, "*peccare*", no uso primitivo do termo, que significa "dar passo em falso, perder o pé, cair".

Talvez você esteja se questionando sobre como é possível acertar mais o alvo, não ficar sem direção, não dar passos que lhe tirem da rota. A resposta é muito simples, meu amigo, minha amiga: você precisa procurar aprender mais e sempre, como temos compreendido em vários momentos das nossas reflexões.

O conhecimento nos orienta, como o farol no mar que orienta a navegação das embarcações. Com o conhecimento, menor é a possibilidade de pecarmos, errarmos o alvo, o caminho. O contrário é verdadeiro – quanto mais conhecimento, mais facilidades temos para executar algo com excelência.

Lembre-se de que a nossa força vem do interior, que a mudança se inicia de dentro para fora, que a sua grandeza é interior, que nenhuma circunstância é maior que o seu interior. Enfim, tudo é gerado em seu interior. Ora, com o conhecimento não seria diferente! Ele também é adquirido, construído interiormente para, então, "ganhar o mundo". Compreen-

---

[6] RUIZ, Osmar Júnior. A origem da palavra pecado. **Recanto das Letras**. Disponível em: https://www.recantodasletras.com.br/gramatica/6149269. Acesso em: 23 jan. 2022.

demos, então, que o conhecimento, para se tornar como tal, precisa ser vivenciado, caso contrário será apenas um conjunto de teorias.

É esse conhecimento (organizado, experienciado, estruturado) que nos possibilita a utilização com sabedoria das matérias-primas que o grande Criador nos deu para produzirmos algo que nos concede muito resultado. Observe que interessante é essa relação: Deus nos dá as rochas com seus minérios, mas não o carro construído; Deus nos dá as árvores, mas não a mesa de madeira em que fazemos nossas refeições; Deus nos dá inteligência, capacidade, mas a atitude tem de partir de nós.

Portanto, você tem todas as condições, todos os recursos a seu favor, mas você precisa colocar em prática todas as suas capacidades, habilidades e os seus conhecimentos para realmente fazer da sua história uma grande história... uma história de muitas conquistas e realizações, escrita por meio do trabalho duro, da ética, da seriedade, da coragem, da confiança, da fé, da serenidade, do (auto)conhecimento e de atitudes positivas.

Confiança e fé... novamente elas juntas aqui, e não pude deixar de me lembrar da interpretação de Rubem Alves, em *Coisas da alma, da vida, da alegria*, sobre a fé. Diz ele que "fé é uma relação de confiança com Deus. É flutuar num mar de amor, como se flutua na água"[7]. Assim, meu amigo, minha amiga, o que mais posso lhe desejar senão que você flutue nesse mar de amor em cada busca sua? Que você confie, tenha fé, entregue, trabalhe, conheça, sinta, transforme-se, busque e realize(-se) em sua vida.

---

[7] ALVES, Rubem. **Coisas da alma, da vida, da alegria**. São Paulo: Paulus, 2001. p. 39.

O QUE CONHECIMENTO TEM A VER COM ATITUDE E COM SONHO?

Meu amigo, minha amiga, Rubem Alves nos traz uma imagem verdadeira e poética do conhecimento, dizendo-nos que ele é uma aventura pelo mar desconhecido e que ele se inicia com o sonho.

E se é uma aventura, ainda mais pelo desconhecido, ser uma pessoa de atitude é imprescindível, não é?

Rubem também afirma que sonhar não é algo que pode ser ensinado, mas que brota das profundezas do corpo do indivíduo, tão naturalmente quanto a água das profundezas da terra – logo, do interior de cada um de nós, assim como tudo que nos compõe.

Sei que também já refletimos juntos sobre isso, mas agora eu o(a) convido a pensar sobre esses valiosos "ingredientes" de cada um de nós, trazendo-os mais para perto de você, da sua história.

Que tal mais uma imersão em você?
Bom mergulho!

Abraço,
José Paulo

Eu: _____

Coloque o seu nome. Olhe para você!

Eu me identifico com o personagem de *O conto da ilha desconhecida* que foi em busca de "sua ilha desconhecida", pois acredito que jornadas assim me conduzem a:

Eu entendo que a busca pelo novo, pelo novo conhecimento, e a atitude de ir buscá-lo, se relacionam com o sonho da seguinte forma:

Na minha história de vida, eu já vivi essa busca quando (relate, de forma breve e objetiva, o que você vivenciou, o que estava buscando, se alcançou o que sonhava, se teve êxito ou não, como se sentiu e que aprendizado teve. Lembrar-se desse fato lhe fará perceber o que dele ainda ecoa em você):

Eu acredito que há limites/não há limites para a busca
e a construção do conhecimento, pois:

Em minha vida, adoto o princípio de que conhecimento e humildade caminham juntos, pois tanto aprendendo quanto ensinando algo já experienciei:

O modo como me relaciono com o conhecimento reflete em minha postura, em minhas atitudes com relação a ele e em como me coloco no mundo. Assim sendo, reconheço-me como uma pessoa:

"Pouco conhecimento faz com que as pessoas se sintam orgulhosas. Muito conhecimento, que se sintam humildes. É assim que as espigas sem grãos erguem desdenhosamente a cabeça para o Céu, enquanto as cheias as baixam para a terra, sua mãe." Leonardo da Vinci

Eu me identifico como uma espiga repleta de grãos e humilde ou como uma espiga vazia e orgulhosa? Isso porque minha postura e minhas atitudes na vida com relação ao conhecimento (meu e das outras pessoas) são:

Já convivi com espigas vazias e com orgulho exacerbado e me senti da seguinte forma. Nessa ocasião, minha atitude foi:

Hoje, com o conhecimento e o autoconhecimento que tenho, se me encontrasse nessa situação novamente, minha atitude seria:

Concordo/não concordo que de nada adianta termos ideias espetaculares, planos muito bem concebidos e um vasto acervo de conhecimentos se não soubermos lidar e compartilhá-los com humildade e com atitudes corretas, sensatas e éticas, pois:

Em minha vida, conhecimento e fé são/não são complementares, pois, em algumas ocasiões, eu me apoiei em:

"Aquele que tem fé ganha conhecimento."
Bhagavad-Gita

**Na minha história de vida e em minhas atitudes atuais,
essa afirmação tem o seguinte valor:**

"Se você realmente procura compreender, sem hipocrisia e sem malícia, haverá momentos em que ficará literalmente abismado com o conhecimento e a compreensão puros que fluirão de você para os outros seres humanos."
Stephen Covey

Meu ponto de vista sobre isso é:

Os três combustíveis da inteligência – a leitura, a escrita e o diálogo – e eu:

A leitura e eu somos...

A escrita é para mim...

Considero o diálogo...

"O poder humano é o conhecimento organizado que se expressa
por meio de esforços inteligentes."

Napoleon Hill

Entendo que esse pensamento de Hill integra:

**Após a leitura, as reflexões e as oportunidades que tive de
contemplar a mim mesmo(a), compreendi que eu:**

**Após a leitura, as reflexões e as oportunidades que tive de contemplar
a mim mesmo(a), vejo/não vejo minhas vulnerabilidades
e meu potencial de outra forma. Ou seja:**

Após a leitura, as reflexões e as oportunidades que tive de contemplar a mim mesmo(a), consegui/não consegui me instrumentalizar mais para buscar a minha melhor versão a cada novo dia, pois:

A leitura, as reflexões e as oportunidades que tive de contemplar a mim mesmo(a) me proporcionaram mais clareza sobre meu propósito, porque me instrumentalizaram a:

Além de tal clareza, sinto-me mais seguro(a) para traçar formas de realizar a minha missão e os meus sonhos, amando o que faço e integrando pessoas em projetos que estão em sintonia mútua. Uma das formas é:

Após a leitura, as reflexões e as oportunidades que tive de contemplar a mim mesmo(a), identifiquei muitos pontos convergentes e divergentes, que me provocaram a (procure comparar seus entendimentos, dificuldades, potencialidades, pontos de vista, conhecimentos, ponderações, valores, ações etc. antes e após a leitura do livro e das reflexões que fez sobre você no ferramental de cada capítulo. Então, registre aqui a sua observação. Depois, leia-a para ver como ela reverbera em você):

Compreendo que essa trajetória de leitura, reflexões, aprendizados e contemplação sobre mim mesmo(a) precisa me acompanhar em minha evolução, em meus aprendizados contínuos e em minha transformação para ser alguém melhor, um(a) campeão(ã) no que me proponho a realizar. Para isso, levarei comigo os seguintes aprendizados:

REFERÊNCIAS

A SAMAMBAIA e o bambu: uma fábula para entender a resiliência. Disponível em: https://amenteemaravilhosa.com.br/a-samambaia-e-o-bambu/. Acesso em: 24 dez. 2021.

ALENCAR, Lucas. 13 frases inspiradoras de grandes cientistas. **Revista Galileu**. Disponível em: https://revistagalileu.globo.com/Ciencia/noticia/2016/06/13-frases-inspiradoras-de-grandes-cientistas.html. Acesso em: 22 jan. 2022.

ALVES, Rubem. **A alegria de ensinar**. São Paulo: Ars Poética, 1994. p.76-77.

BALDAIA, Barbara. Os campeões não desistem, mas podem falhar. **TSF Rádio Notícias**. Lisboa, 30 jul. 2012. Disponível em: https://www.tsf.pt/desporto/os-campeoes-nao-desistem-mas-podem-falhar-2695082.html. Acesso em: 13 jan. 2022.

BIBLIA. Português. **Bíblia sagrada**. Tradução: Ferreira de Almeida. [S.l.]: LCC Publicações eletrônicas. Disponível em: http://www.ebooksbrasil.org/adobeebook/biblia.pdf. Acesso em: 22 nov. 2021.

BOSI, A. Fenomenologia do olhar. In: **O olhar**. São Paulo: Companhia das Letras, 1988.

BOSI, Alfredo. **Céu e inferno**: ensaios de crítica literária e ideológica. São Paulo: Duas cidades; 34, 2003 p. 45. (Coleção Espírito Crítico)

BROWN, Brené. **A coragem de ser imperfeito**: como aceitar a própria vulnerabilidade, vencer a vergonha e ousar ser que você é. Tradução: Joel Macedo. Rio de Janeiro: Sextante, 2013.

CAEIRO, Alberto. O guardador de rebanhos. In: PESSOA, Fernando. **Poemas de Alberto Caeiro**. 10 ed. Lisboa: Ática, 1993, p. 32.

CAPRA, Fritjof. **A teia da vida**: uma nova compreensão científica dos sistemas vivos. Tradução: Newton Roberval Eichemberg. 3. ed. São Paulo: Cultrix, 1998.

CARROL, Lewis. **Alice no país das maravilhas**. Tradução: Nicolau Sevcenko. São Paulo: Cosac Naify, 2009.

CORALINA, Cora. **Vintém de cobre**: meias confissões de Aninha. São Paulo: Global, 1997.

COUTO, Mia. **Jerusalém**. Alfragide: Caminho. 2009.

COVEY, Stephen R. **Os 7 hábitos das pessoas altamente eficazes**. 52. ed. rev. e atual. Tradução: Alberto Cabral Fusaro *et al*. Rio de Janeiro: Best Seller, 2015.

CURY, Augusto Jorge. **Nunca desista dos seus sonhos**. Rio de Janeiro: Sextante, 2004. p. 71.

GOLEMAN, Daniel. **Inteligência emocional**: a teoria revolucionária que redefine o que é ser inteligente. [recurso digital] Tradução: Marcos Santarrita. Rio de Janeiro: Objetiva, 2011.

HILL, Napoleon. **A lei do triunfo**: 16 lições práticas para o sucesso. Tradução: Fernando Tude de Souza. 36. ed. Rio de Janeiro: José Olympio, 2015. p. 82.

JOHN, Richard St.; ABBOTT Brasil. **TED** — O sucesso é uma jornada contínua. Disponível em: https://www.youtube.com/watch?v=mceIu3x2Qak. Acesso em: 19 dez. 2021.

KOTLER, Philip. **Administração de marketing**. 10. ed. São Paulo: Prentice Hall, 2000.

LE BRETON, David. **Compreender a dor**. Tradução: Manuel Anta. Cruz Quebrada: Estrela Polar, 2007.

LUFT, Lya. **O tempo é um rio que corre**. Rio de Janeiro: Record, 2014. p. 122.

MARQUES, Edson. **Mude**. São Paulo: Panda books, 2005.

NAEGELE, Maria Antonia. Michael Jordan faz 56 anos: a maior lenda do basquete. **Midiamax Uol**. Mato Grosso do Sul, 17 fev. 2019. Disponível em: https://midiamax.uol.com.br/blog/2019/michael-jordan-faz-56-anosa--maior-lenda-do-basquete. Acesso em: 12 jan. 2022.

NO MUNDO tereis aflições: estudo bíblico. [S.d.]. Disponível em: https://www.respostas.com.br/no-mundo-tereis-aflicoes-estudo-biblico/. Acesso em: 7 maio 2022.

PESSOA, Fernando. **Poemas de Ricardo Reis**. Lisboa: Imprensa Nacional, 2015. (Coleção Pessoana)

PLATÃO. **Universo filosófico**. Disponível em: http://universo-filosofico.blogspot.com/2010/11/platao.html. Acesso em: 06 fev. 2022.

QUEIROZ, Rachel. Formosa Lindomar. In: Queiroz, Rachel. **Rachel Queiroz**. Rio de Janeiro: Agir, 2005, p. 142. (Novos Clássicos)

QUINTANA, Mario. **Poesia completa**. Rio de Janeiro: Nova Aguilar, 2005. p. 257.

RODRÍGUEZ, Margarita. Como se cria "sorte inteligente" para tirar o máximo proveito do inesperado. **BBC News Brasil**. 19 dez. 2020. Disponível em: https://www.bbc.com/portuguese/geral-54615373?utm_campaign=later--linkinbio-bbcbrasil&utm_content=later-22812385&utm_medium=social&utm_source=linkin.bio. Acesso em: 05 dez. 2021.

ROSA, João Guimarães. **Grande sertão**: veredas. São Paulo: Nova Aguilar, 1994. v. 2.

RUIZ, Osmar Júnior. A origem da palavra pecado. **Recanto das Letras**. Disponível em: https://www.recantodasletras.com.br/gramatica/6149269. Acesso em: 23 jan. 2022.

SANTOS, Virgilio Marques de. **Inteligência**: o que é, quais são os tipos, como medir? Disponível em: https://www.fm2s.com.br/inteligencia-voce-e-inteligente/. Acesso em: 22 jan. 2022.

SARAMAGO, José. **O conto da ilha desconhecida**. Lisboa: Editorial Caminho, 1999. p. 27-28.

SHAKESPEARE, WILLIAM. **Júlio César**. S.l: eBooksBrasil. Disponível em: http://www.ebooksbrasil.org/adobeebook/cesar.pdf. Acesso em: 19 dez. 2021.

SHINYASHIKI, Eduardo. **Transforme seus sonhos em vida**: construa o futuro que você merece. São Paulo: Gente, 2012.

STANFORD. **Steve Jobs' 2005 Stanford Commencement Address**. YouTube, 12 jun. 2005. Disponível em: https://www.youtube.com/watch?v=UF8uR6Z6KLc. Acesso em: 28 dez. 2021.

TEIXEIRA, Faustino. O potencial libertador da espiritualidade e da experiência religiosa. In: AMATUZZI, M. M. **Psicologia e espiritualidade**. São Paulo: 2005. p. 13-30.

TÉVEZ, Óscar. 20 frases de Muhammad Ali que são verdadeiras lições de vida. **El País**. Esportes. Madrid, 7 jun. 2016. Disponível em: https://brasil.elpais.com/brasil/2016/06/04/deportes/1465019120_522470.html. Acesso em: 13 jan. 2022.

TRACY, Brian. **As leis universais do sucesso**. São Paulo: Sextante, 2009.

TRACY, Brian. **O ciclo do sucesso**: como descobrir suas reais metas de vida e chegar aonde você quer. Tradução: Cissa Tilelli Holzschuh. São Paulo: Gente, 2013. p. 91.

QUEM SOMOS

A Ideal Books ganhou vida por acreditar que o conhecimento é uma das maiores ferramentas de poder para transformar as pessoas, afinal, é por meio das pessoas que mudamos a realidade do mundo. Por essa razão, diante de tantos cenários caóticos, com informações falsas e dúvidas sobre quais são os caminhos certos e errados, a nossa missão ganha cada vez mais força, pois a verdade é libertadora e permite que homens e mulheres façam suas próprias escolhas com segurança.